Genießen mit Puccini

Alles Gute zum Geburtstag!

22. April 2023

Mama und Papa

COLLECTION ROLF HEYNE

Eva Gesine Baur

Genießen mit Puccini
Aria d'Amore

Mit 70 klassischen Rezepten aus der Toskana

Fotografie von Zoltan Nagy

COLLECTION ROLF HEYNE

Inhalt

Prolog   6

Die Liebe zum guten Leben   15
Antipasti & Insalate ~ Vorspeisen und Salate   37

Die Liebe zum großen Gefühl   59
Zuppe & Verdure ~ Suppen und Gemüsegerichte   79

Die Liebe zum Rustikalen   107
Pasta & Riso ~ Pasta und Reisgerichte   127

Die Liebe zum Theatralischen   137
Secondi piatti di pesce ~ Hauptgerichte mit Fisch und Meeresfrüchten   151

Die Liebe zur Heimat   157
Secondi piatti di pollame ~ Hauptgerichte mit Geflügel   191

Die Liebe zur Jagd   199
Secondi piatti di carne ~ Hauptgerichte mit Fleisch vom Schwein, Rind, Lamm, Kaninchen oder Wild   207

Aus Liebe zum Einfachen   219
Dolci ~ Süßspeisen   229

Anhang   240

Prolog

Liebesarien werden nicht mit vollem Mund gesungen. Auch selten mit vollem Magen oder am gedeckten Tisch – und so gut wie nie in der Küche. Wie also kann die *aria d'amore* dann Leitmotiv sein für ein Buch, das Einblick in die kulinarische Lebenswelt eines Komponisten verheißt? Sollen da große Empfindungen in die Niederungen des Küchendunstes herabgeholt werden?

Die Rechtfertigung beginnt auf sicherem Terrain. Unbestreitbar ist: Fast jede große Arie von Giacomo Puccini ist eine *aria d'amore*. Denn die Liebe und nichts anderes als die Liebe war sein Thema. Zehn Opern hat Puccini in den knapp 66 Jahren seines Lebens geschrieben. Sie alle, vom Frühwerk »Le Villi« bis zum unvollendeten Spätwerk »Turandot«, kreisen um jenes zentrale Gestirn. Und Puccini widmet sich der Liebe in allen Schattierungen, in allen Tonarten, in allen Klangfarben. Da ist die heroische Liebe der Tosca und die feige, triebhafte von Pinkerton, die aufrichtige, doch blinde Liebe der Cio-Cio San, die schüchtern tastende der Mimi, die verklärte des Rodolfo, die panische der Manon Lescaut, die moralisch bedenkenlose der starken Minnie, des Mädchens aus dem Goldenen Westen, und die wundersam erblühende der kalten Turandot. Es gibt den Mord und den Selbstmord aus Liebe, die Intrige und die Heldentat aus Liebe, die Flucht vor der Liebe und die Zuflucht zu ihr.

Pose eines Melancholikers: Obwohl er menschenscheu war, stilisierte Puccini seine Aufmachung für jeden Auftritt perfekt.

»Sono sempre innamorato.«
(»Ich bin immer verliebt!«)
Giacomo Puccini

Dabei handelt es sich nie um die himmlische, nie um die vergeistigte Liebe. Es geht ausschließlich um die irdische Liebe. Und die hat mit Genuss zu tun – so wie jeder Genuss mit irdischer Liebe. Genießen heißt, die Sinne zu schärfen, um alle Nuancen herauszuspüren. Auch die irdische Liebe wird nur durch das ständige Verfeinern der Empfindungen zur Liebeskunst. Wie das Lieben verlangt auch das Genießen, dass die Grenzen zwischen Ich und Du, zwischen Subjekt und Objekt, verschwimmen und wir uns der sinnlichen Wahrnehmung hingeben.

Viele von den Liebhabern und Liebhaberinnen in Puccinis Opern führen es vor: Wer das Objekt der Begierde nur gierig verschlingt, verachtet es eigentlich. Was für die erotischen Verhältnisse ebenso gilt wie für die kulinarischen: Liebe beginnt mit höchster Aufmerksamkeit und nimmt sich dann Zeit. Ziel und Glück ist, beim Genießen wie beim Lieben, eine völlige Verschmelzung zu erleben. Und das verlangt vor allem eins – Hingabe. Sich hinzugeben heißt, die vermeintliche Wichtigkeit des Ichs ebenso zu vergessen wie die Sorgen um das Gestrige oder das Zukünftige. Wer so liebt, wer so genießt, schafft es, den Augenblick als Ewigkeit zu feiern. Und darin liegt auch Puccinis Genie: Er hat im Banalen das Große entdeckt, im Alltäglichen das Erhabene, im Flüchtigen das Unsterbliche.

Doch wie er das tat, wird oft missverstanden. Es fällt uns viel leichter, Verdis Seelentiefe zu erkennen als die von Puccini. Verdi wurde früh mit rückhaltloser Bewunderung bedacht und kaum einer bestritt, dass er bei aller Volkstümlichkeit seiner Opern unser Innerstes berührt. Puccini hingegen wurde von jeher immer wieder als Komponist in Frage gestellt, weil er nicht nur berührt, sondern viele rührselig macht.

»Das Publikum war überwältigt vor Rührung«,

schrieb ein Kritiker nach der Uraufführung der »Manon Lescaut« am 1. Februar 1893 und ein anderer gab zu: »Mit mir hat das ganze Publikum geweint.« Schon deswegen wurde die Wahrhaftigkeit der vertonten Gefühle bezweifelt. Gerade das, was Puccinis Verteidiger genial empfinden, erscheint anderen nur sentimental. Und zwar so, dass es ihnen auf den Magen schlägt. »Als ich La Bohème hörte«, beschwerte sich Benjamin Britten, »wurde mir ganz übel von der Billigkeit und Leere dieser Musik.«

Verräterisch, dass gleich drei Puccini-Werke zu den meistaufgeführten Opern der Welt gehören – »La Bohème«, »Madame Butterfly« und »Tosca« –, sich aber nur wenige der Millionen Zuhörer offen zu ihrer Begeisterung bekennen. Vielmehr gestehen die meisten verschämt eine Schwäche für Puccini ein, so wie sie auch die Lust an kalorienreichem Zuckerzeug als Sünde bezeichnen, weil sie den Beigeschmack von etwas Verbotenem hat.

Von Anfang an haben sich Kritiker darin gefallen, Puccinis Musik zu verurteilen als etwas, das zu süß, zu schmalzig ist für den erlesenen Geschmack. Sie wird von selbstgerechten Richtern auch heute oft beschrieben, als handle es sich um musikalisches Softeis: etwas, das flutscht, aber nichts taugt, das keinen Biss hat und keinen Nährwert. Noch vernichtender ist allerdings der kulinarische Vergleich des Puccini-Zeitgenossen und -Kollegen Richard Strauss, der seinen eigenen Kompositionen Langlebigkeit und Gehalt zuspricht, was er denen des Konkurrenten selbstverständlich aberkennt: »… vielleicht gibt dies gerade meinen Opern Gewähr für etwas längere Dauer, wenn ich Puccini«, so Strauss, »mit einer delikaten Weißwurst vergleiche, die um 10 Uhr früh (2 Stunden nach Fabrikation) gegessen werden muss (allerdings hat man um 1 Uhr schon wieder Appetit auf etwas Reelleres), während die Salami (kompakter gearbeitet) eben doch ein bisschen länger vorhält.«

Recht bizarr, dass der Bayer Strauss sein Wesen, was die Haltbarkeitsfrist angeht, italienischer Hartwurst artverwandt findet, das seines italienischen Kollegen hingegen der bayrischen schnell verderblichen und seiner Ansicht nach nicht wirklich gehaltvollen Frischwurstware.

Wer sich mit der Rezeption Puccinis befasst, kennt solche von Sachlichkeit völlig freien Kommentare zu Genüge. Und selbst wohlwollende Kritiker wie der Amerikaner

Henry Louis Mencken ließen sich zu Vergleichen hinreißen, die kulinarisch wie musikalisch ungenießbar klangen: als »silberne, wunderbar miteinander verflochtene Makkaroni« beschrieb er Puccinis Musik. Bis heute hält sich der Vorwurf, es fehle seinen Werken der hohe, hehre Anspruch. »Es ist einfach, über Puccini in überheblicher Weise zu urteilen«, merkte der Musikkritiker Howard Taubman in der New York Times vor bald fünfzig Jahren schon an, »und viele musikalische Snobs haben das auch getan.«

Warum? Gelten die Stoffe als zu billig, nur weil sich Puccini nicht wie der von ihm so bewunderte Verdi an Shakespeare und Schiller herangewagt hat? Er verirre sich im Dienstmädchengenre, warfen ihm schon zu Lebzeiten seine Kritiker vor.

Gut, es stimmt: Nicht Gott und die Geheimnisse des Universums interessierten Puccini, sondern der Mensch mit seinen Schwächen und Stärken, seinen Süchten und Sehnsüchten. In keiner seiner Opern geht es um die Ergründung dessen, was größer ist als wir selbst. Es geht nicht um übermenschliche, sondern um menschliche Dimensionen.

»Er hat die Oper des Alltags geschaffen«, schrieb der Musikkritiker Adolf Weissmann im Jahr nach Puccinis Tod. Das vermochte Puccini, weil er sich dem Alltäglichen nie überlegen fühlte. Er liebte es und brauchte es als Nahrung für seine Phantasie. Und seine Schaffenskraft litt empfindlich, wenn die Qualität des täglichen Lebens nicht seinen Ansprüchen genügte. Er war niemals verwöhnt worden, aber er hatte von Kind an ein Gespür für Qualität entwickelt. Gutes muss nicht teuer sein: Das macht auch heute noch die Küche aus Puccinis Heimat jedem klar. Aber es verlangt Liebe, Zuwendung und Zeit.

Mehr als bei den meisten anderen Komponisten war der Genuss für Puccini unabdingbar Teil jener Atmosphäre, aus der heraus er komponieren konnte. Als der Hausarzt bei dem fünfundvierzigjährigen Patienten Diabetes diagnostizierte, ihm das Naschen verbot und streng den Verzicht auf sein tägliches Quantum Wein verordnete, zog ihn das hinab in eine bleierne Melancholie. Genuss bedeutete für Puccini, das irdische Angebot auszukosten, sich mit der Gegenwart zu verbinden.

Doch jene Liebe zur Liebe, die Puccinis Lebenselixier war, hat nichts Sentimentales. Und sie ist nicht einfach, sie ist vielschichtig. Aus der *aria d'amore* seiner Existenz ist sehr viel herauszuhören: die Treuebereitschaft eines Familienmenschen und die Rastlosigkeit des Jägers, der oft Gejagter war, die Freude an der Stille und die Lust am rauschenden Beifall, die Liebe zur Ruhe und das Bedürfnis nach Unruhe, das Heimweh und das Fernweh, die Bescheidenheit und die Eitelkeit.

Puccinis Leben und Schaffen ist eine Liebesarie, in der die Erfüllung ebenso vorkommt wie die Verzweiflung, und die Lüsternheit ebenso wie der Verzicht. Puccini war kein Mensch des kühlen Kopfs, sondern einer des warmen Herzens. Das ist spürbar in seiner Musik, das belegen seine Briefe, die Aussagen seiner Freunde und eben das, was er selber von sich gesagt hat: »Ich bin immer verliebt.« Das liest sich wie ein Wegweiser zu einer übersichtlichen Seele. Doch Puccinis letztes, leider unvollendet hinterlassenes Werk ist nicht zufällig »Turandot«, in der wir die labyrinthische Wanderung durch eine weibliche Psyche erleben. Die grausame Prinzessin Turandot ist eine Frau, die Rätsel stellt, weil sie sich selbst ein Rätsel ist. Und Puccinis eigenes Dasein erzählt ohne Opernpathos, ohne Mord und Totschlag, ebenfalls von Rätseln: Viele seiner Lieben und Liebschaften, Vorlieben und Leidenschaften erscheinen unerklärlich. Zu banal für ein Genie, zu derb für einen Feingeist, zu bodenständig für einen Weltmann, zu diesseitig für einen Künstler, zu triebhaft für einen Tonsetzer, zu laut für einen Melancholiker.

Ähnlich wie seine Opern ist Puccini vielschichtiger und daher schwieriger zu verstehen, als die meisten eilfertig glauben. Wie seine zehn Bühnenwerke sah er selbst sich immer wieder Vorwürfen ausgesetzt, er sei vulgär, mittelmäßig, und sentimental. Vor allem wurde ihm angekreidet, er sei wie seine Kompositionen zu glatt; seine eigene Genusssucht spiegle sich in der leichten Konsumierbarkeit seiner Musik. Adolf Weissmann, deutscher Biograph zu Lebzeiten Puccinis, verfiel ebenfalls der Versuchung, den Komponisten in dieser Weise herabzuwürdigen. »… Puccini, selbst Genießer, schwebt

Instrument der Phantasie: An diesem alten Förster-Klavier in Torre del Lago entstanden Puccinis Meisterwerke. »Er spielte (...) so, wie nur er spielte«, sagte ein Freund, »nämlich schlecht: Klavier mit Schalldämpfer, ziemlich steifen Händen und schlechtem Anschlag.«

von Natur aus zwischen dem Weltlichen, Salonhaften und einer Sentimentalität, die immer in Gefahr ist, durch den Theatereffekt unterstrichen zu werden.« Solch ein Genießer kann ja nichts Besseres als süffige Genussware produzieren, heißt die Quintessenz all dieser Vorurteile.

»... mehr als jeder andere«, schrieb ein neunundzwanzigjähriger Musikwissenschaftler namens Fausto Torrefranca über den vierundfünfzigjährigen Komponisten, »scheint er mir auf das Vollkommenste die ganze Dekadenz der modernen italienischen Musik und ihren nackten Kommerzialismus zu verkörpern, ihr ganzes jämmerliches Unvermögen und ihren triumphalen internationalen Erfolg.« Es gelang ihm, mit diesem Urteil weltweit Aufsehen zu erregen. Aber es gelang ihm nicht, Puccinis Musik totzureden. Denn diese wird so lange gehört werden, wie jemand sich für sein großes Thema interessiert, auch wenn das in den Augen derer, die Pathos und Mythos brauchen, kein wirklich großes ist: »Ich bin nicht geschaffen für heroische Gesten«, bekannte Puccini selbst. »Ich liebe die Seelen, die wie wir fühlen, die aus Hoffnung und Illusionen bestehen, die blitzende Freude und tränenerfüllte Wehmut empfinden.«

Puccini wollte dem Menschlichen nah sein. Diese Buch will ihn als Menschen nahe bringen. Einen, der immer verliebt war.

-16-

Alles schluchzt. Nur der junge Mann mit Schnurrbart, gewelltem kastanienbraunem Haar und einem hängenden linken Lid steht still da. Es ist ihm anzusehen, dass er sich unwohl fühlt in seinem kaffeebraunen Anzug, dem einzig ordentlichen, den er besitzt. Aber das Schluchzen rundum erfreut ihn. Und als schließlich im Teatro dal Verme der Jubel losbricht, als das Publikum ihn auf die Bühne nötigt, ist es sicher nicht nur Stolz, der ihn erfüllt, sondern die Hoffnung, richtig Geld zu verdienen mit seinem Talent: die Menschen durch seine Musik zu ergreifen. Im Zweifelsfall träumt Puccini – auch später, als er vermögend ist – nicht von der Unsterblichkeit, sondern von einer gebratenen Gans, einem schnittigeren Motorboot oder einem noch eleganteren Automobil. Warum kann einer, der zu Tränen rührt, der mit seiner Musik in bessere Welten entrückt, so sehr an den nackten Realitäten kleben?

Mit sechsundzwanzig Jahren, bei der Uraufführung seiner ersten Oper, wusste Giacomo Puccini längst, dass das Leben in Mailand zwar eine glänzende Fassade besaß, aber auch eine düstere Rückseite, feucht und schäbig wie die meisten seiner oft hektisch gewechselten Studentenwohnungen. Von der ersten im engen, schattigen Vicolo San Carlo hatte er seiner Mutter noch mit der Überschwänglichkeit des Neuankömmlings berichtet, er bewohne »ein ziemlich schönes Zimmer und ganz sauber, mit einem Tisch aus poliertem Nussbaum, eine Pracht!«. Doch schon ein paar Tage später schreibt er an seine Mutter Albina von einer anderen Adresse, Via Monforte 26. Wahrscheinlich weniger schön, weniger sauber, aber dafür billiger. Von dort wechselt er in die Via Zecca Antica, wo die Hauswirte seinem Empfinden nach viel zu wenig tun für ihr Geld, weder seine Schuhe putzen noch seine Kleider ausbürsten.

»Du kannst dir vorstellen, das bei mir …«, jammert er seiner Schwester Ramelde vor. »Ich, der ich doch so schlampig bin.« Hier offenbart sich Puccini bereits ungeniert: Er hat keinen Ordnungssinn, stellt jedoch Ansprüche, denn Schönheitssinn besitzt er. Trotzdem neigt er nicht zur Berührungsangst mit dem Normalen, Banalen oder Vulgären, daher auch nicht zum Rückzug in elfenbeinerne Türme. Dass er seine Studentenbude bald mit seinem Bruder Michele und einem Cousin teilen musste, scheint ihn

Vorherige Doppelseite:
Geniale Schlamperei: Puccinis Notenschrift war wie seine Handschrift (die im Buch verwendete ist nicht die seine) für Uneingeweihte unlesbar. Nachzuprüfen bei einem Besuch in seinem Geburtshaus, dem ›Museo Puccini‹ in Lucca.

Gegenüber:
Schüchterner Frauenheld: Der junge Puccini trat unsicher auf und bezauberte eben deswegen; sein Schnurrbart verbarg die Hasenzähne.

nicht weiter gestört zu haben, im Gegenteil: Männerrunden und Trinkgelage gehören anscheinend früh zu seinen zuverlässigen Inspirationsquellen.

Doch vieles, was bei ihm zu Hause, in Lucca, selbstverständlich war, bedeutete Luxus in dieser Stadt. In dem viergeschossigen Haus in der Via di Poggio, wo er in der Wohnung im zweiten Stock aufgewachsen war, roch es sicher immer gut, denn die Luccheser Küche ist von jeher eine *cucina povera,* eine Küche der bescheidenen Mittel; sie fordert Zeit, nicht Geld, Geduld, nicht Delikatessen. Da duftete es nach Rosmarin und Knoblauch, nach gebratenem Speck und Suppen aus weißen Bohnen, nach Kastanienkuchen und *bruschetta* mit Schwarzkohl, obwohl Giacomos Mutter an der Grenze zur Armut entlangbalancierte, denn sie war früh Witwe geworden. Giacomo war fünf gewesen, als sein Vater Michele Puccini im Alter von 50 Jahren starb und die Mutter nicht nur Giacomo und seine sechs Schwestern, sondern auch noch den Jüngsten durchbringen musste, der erst drei Monate nach dem Tod des Vaters zur Welt kam. Auch wenn Puccini später behauptete, der Vater habe die Familie »in schwerer Not« zurückgelassen, so war er doch mit jenem milden Schimmer, jenem lebenslustigen Klang und versöhnlichen Duft groß geworden, der die Kindheit später als verlorenes Paradies erscheinen lässt. »Wir pfiffen und sangen den ganzen Tag«, erinnert sich Giacomo. Die Not nach dem Tod des Ernährers Michele Puccini, Organist, Komponist und Direktor des Konservatoriums in Lucca, linderte eine Rente, die der Magistrat der dreiunddreißigjährigen Witwe zusprach. Sie muss immerhin so hoch gewesen sein, dass Albina Puccini, geborene Magi, selbst begabte Musikerin aus einer alten Musikerdynastie, sich weiterhin zwei feste Hausangestellte leisten konnte, die ihr die gröbste Arbeit mit den sechs Kindern abnahmen.

Wer heute die ehemalige Wohnung der Puccinis in der Via di Poggio Nr. 30 betritt, wo ein Museum an den Maestro erinnert, wird es kaum eng oder ärmlich finden,

Parfum der Bergeinsamkeit: Der Duft von Beeren, Knoblauch und Lorbeer gehört wie auch der Pilzgeruch zur Garfagnana, der Gegend, aus der die Sippe der Puccinis stammt.

schlimmstenfalls etwas dunkel in den Zimmern, die nicht zur Corte San Lorenzo hinausgehen, einem lichterfüllten Platz. Wenngleich nicht eindrucksvoll, wirken die hohen Räume doch wohnlich durch die guten Proportionen, vornehm in ihrer Klarheit und sinnlich durch ihre Materialien: weiß gekalkte Wände, vom Leben polierte Terrakottafliesen auf dem Boden, dunkle Balkendecken. Die Küche mit ihrem offenen Kamin lässt die Bilder von ausgiebigen Mahlzeiten am Familientisch aufsteigen. Ingesamt um die zweihundert Quadratmeter hat diese Wohnung, die Giacomo als eng beschrieb – auch für eine Großfamilie nicht gerade ein bedrängendes Verlies. Außerdem macht schon allein die Lage das Haus liebenswert. Nur ein paar Schritte sind es zu San Michele in Foro mit seiner Marmorfassade, die auch an düsteren Tagen noch leuchtet, davor der weite, elegante Marktplatz, lebhaft von frühmorgens bis tief in den Abend hinein.

Auch wenn damals, als Giacomo mit zehn Chorknabe in San Michele wurde, der Metzger in der Via di Poggio noch keine Fotos von Puccini über seinen Filets, Keulen und Schinken hängen hatte, auch wenn damals noch kein Denkmal stand auf der Corte San Lorenzo, das den Meister lässig sitzend, rauchend und schlanker zeigt, als er es war, auch wenn damals gegenüber dem Hauseingang der Puccinis noch kein Lokal eröffnet hatte, das sich mit ihrem Namen schmückte und den Preis einiger Spezialgerichte mit dem Zusatz *alla Puccini* rechtfertigte: Giacomo und seine Sippe lebten hier im Mittelpunkt einer genussfreudigen Stadt, wo es keiner weit hat zum nächsten Kaffeehaus oder zu der breiten, von Bäumen umsäumten Festungsmauer, jener ungewöhnlichen Promenade der Luccheser. Von schwerer Not scheint hier nichts zu zeugen. Doch dass Giacomo im Nachhinein dieses Zuhause als ärmlich empfand, hatte seine Gründe; die Puccinis verfügten eben nicht nur über die Kunst, aus wenig etwas zu machen und Mangel mit Stil zu bemänteln – sie stellten Ansprüche, auch an sich selber. Und sie hatten Ambitionen –

Meister unter sich: Die meisterlichen Schinken in der Metzgerei Borelli, unten in Puccinis Geburtshaus, schmücken sich mit dem Ruhm des Maestros.

Kinderzimmer und Weihetempel: Dort, wo Puccini auf Terrakottafliesen unter hohen Balkendecken mit seinen Geschwistern lärmte, erinnert heute ein Museum an seinen Werdegang.

schon die Namen der Töchter von Albina und Michele verraten, dass hier alles erlaubt war außer Gewöhnlichkeit: Odilia, Tomaide, Iginia, Netteti und Ramelde Onfala Alleluia. Analytisch geschulte Biographen unterstellen, die Namenswahl der Töchter, die sich von den schlichten ihrer Brüder Giacomo und Michele erheblich unterscheidet, sei nur Ausdruck der elterlichen Enttäuschung gewesen, keinen Sohn bekommen zu haben – allerdings hätte dann Ramelde, ein Jahr nach dem Stammhalter Giacomo geboren, von ihrem dramatischen Vornamen verschont werden müssen. Und der Nachzügler Marcrina erst recht.

Auch wenn Puccini, immerhin auch er getauft als Giacomo Antonio Domenico Michele Secondo Maria, die Kindheit in seinem Elternhaus als bitter arm darstellt, blieb es ein Bezugspunkt seines Lebens. Er litt, als es nach dem Tod der Mutter verkauft werden musste, und triumphierte, als er es später vom Geld der ersten Erfolge wieder erwerben konnte, freilich ohne es zu bewohnen. Er brauchte es als ein Stück geborgener Erinnerung, denn hier hatte er es genossen, sich versorgt und bewundert nur seiner Leidenschaft für Musik zu widmen. Und das hatte eine Person ermöglicht, ohne deren Energie und Hartnäckigkeit Puccini wahrscheinlich als Musiklehrer am *Istituto Pacini*, dem netten Luccheser Konservatorium, verkümmert wäre: Albina Puccini. Nicht nur Giacomos Karriere, auch seine Genussfreude hat viel mit ihr zu tun. Und manches Rätselhafte an ihm erklärt sich durch sie. Eine kleine Frau mit rundem Gesicht, schweren weißen Wangen, einem fülligen Kinn und großen Ohren. Das glatte dunkle Haar in der Mitte gescheitelt und im Nacken zu einem Knoten gesteckt, weil das am wenigsten Zeit kostet. Auf den flüchtigen ersten Blick eine Frau, wie sie in den toskanischen Städten damals überall zu finden war. Aber ihr entschiedener Mund, ihre melancholischen Augen, ihr abgeklärter Blick verraten, dass sie mehr beherrscht, als aus billigen Gemüsen und Dinkel einen *gran farro* zu kochen, altes Brot, Brühe und Schwarzkohl zu einer *ribollita* auszubauen, einen geschenkten Hasen abzuziehen oder ein gewildertes Rebhuhn auszunehmen. Sie hat Tonsatz gelernt, kann Klavier spielen und könnte jederzeit eine Fuge komponieren. Aber bei ihren sechs Kindern sind Fugen

weniger gefragt als starke Suppen. Aus der Perspektive ihres Sohns Giacomo gesehen, verfügt Albina über eine besonders gewinnende Schwäche: Sie ist ungerecht. Für all ihre Kinder ist sie die aufopfernde *mamma*, der Pelikan, der sich für seine Brut die Brust zerfleischt, wie er in vielen Kirchen der Toskana dargestellt ist als Symbol für den Opfertod Christi. Sie jammert nicht, dass ihr selbst keine Chance bleibt, ihre eigenen Talente zu fördern, sie rackert sich mit Gelegenheitsjobs ab und ist zufrieden, wenn sie an den Festtagen das auf den Tisch stellen kann, was die Nachbarn auch auftischen. Doch selbst Albinas Reserven reichen nicht aus, sich für sämtliche Töchter und jeden der beiden Söhne bedingungslos einzusetzen. Das ist nur Giacomo vergönnt. Warum ausgerechnet ihm?

Zugeben, er ist ein sonniges Kind, schmal gebaut, mit verträumten Augen, die mal blaugrün, mal grau wirken und beschattet sind von langen, dunklen Wimpern. Er ist hübsch mit seinem dichten braunen Haar und der langen, geraden Nase, auch wenn seine vorstehenden Schneidezähne dem Gesichtsausdruck etwas Einfältiges geben und jenes hängende linke Lid etwas Verschlafenes. Aber eines ist sicher: Zum Wunderkind lässt er sich beim besten Willen nicht erklären. Sein Vater war ein Freund breiter Bildung gewesen.

»Puro musicista, puro asino« – Wer nichts als ein Musiker ist, ist nichts als ein Esel,

hatte Michele Puccini erklärt. Sein Sohn hätte sich gern einen Esel schimpfen lassen, wenn er sich dafür nicht mit Rhetorik und Mathematik hätte abquälen müssen. Ehrgeiz war Giacomo von Kind an so fremd wie die Begeisterung für Lektüre. »Er wetzt sich in der Schule nur den Hosenboden ab. Und er liest niemals in einem Buch«, hat angeblich einer seiner Lehrer über den Musikersohn gelästert. Das Leben zu genießen, so weit das diese finanziellen Verhältnisse erlaubten, war ihm wichtiger, als zu glänzen, und lieber trug er von der Jagd ein paar fette Wildvögel heim, als gute Noten aus seiner Schule, dem Seminar San Michele, und später San Martino. Kennzeichnend, dass schon der Vater seinen Kleinen nur mit einem Trick dazu bringen konnte, die Orgeltasten zu berühren: Er hatte auf jede eine Münze gelegt, die sein hoffnungsfroher Sohn unter Erzeugung hässlicher Tonfolgen herunterfingerte. Giacomos Einstellung als Kind war also die: Ich tue nur etwas, wenn es mir auch etwas bringt. Lust zumindest. Deswegen blieb sein trister Onkel, Fortunato Magi, als Musiklehrer des Neffen sensationell erfolglos, wohingegen sein späterer Professor am Luccheser Konservatorium, Carlo Angeloni, den Schüler zu großen Fortschritten beflügelte. Fortunato trat den Sohn der Schwester ans Schienbein, wenn er falsche Töne produzierte, Angeloni nahm Giacomo mit auf die Jagd in die unterholzreichen Reviere im Serchio-Tal. Magi kam zu dem Schluss, sein Neffe Giacomo sei hoffnungslos unbegabt; Angeloni erkannte, dass er am Istituto Pacini ein großes Talent ausbilden durfte. Jenes Zutrauen zu verspüren war für Giacomos Entwicklung so unentbehrlich wie gute Kost. Und so wird es sein Leben lang bleiben. Nur wenn er den Tag genießen kann, hat er den Antrieb, nachts zu komponieren. Nur wenn die Menschen um ihn her für gute Unterhaltung, Stimmung und Verpflegung sorgen, kommen ihm gute musikalische Einfälle. Ungemütlich hat Puccini es ungern. Deswegen provoziert er nicht, er will nichts weniger als brüskieren. Bis an sein Ende leidet er unter jedem Skandal. Ein Revolutionär, ein Vorkämpfer, ein radikaler Neuerer wird Giacomo niemals sein, weder politisch noch künstlerisch. Und dass er sich später nicht wehren wird gegen die Vereinnahmungsversuche Mussolinis, passt zu jenem Wesenszug.

Giacomo hatte früh beschlossen, wenig zu riskieren, sich aber ohne jedes schlechte Gewissen zu holen, was zu holen war: kulinarische wie erotische Genüsse. Für die

Startplatz für den Höhenflug: Im Istituto Pacini, Luccas Konservatorium, begann auch Giacomo Puccini seine Ausbildung – mit mäßigem Erfolg.

Versüßung seines Alltags musste er allerdings selber aufkommen. Dass der faule Giacomo, dank seinem Lehrer Angeloni, mit vierzehn immerhin so gut Orgel spielen konnte, dass man ihn in Lucca, Celle, Mutigliano oder Pescaglia für die Begleitung der Messe zahlte, freute Albina. Aber sie hatte sich zu früh gefreut, denn das meiste Geld, das ihr Sohn einnahm, gab er für Süßigkeiten, Zigaretten oder Zigarillos, am liebsten für die Sorte Toscano, aus. Die schlauen Servitinnen entlohnten ihn vorsichtshalber gleich in süßen Naturalien. Auch das meiste von dem, was ihm sein einziger Schüler, der Schneider Carlo Delle Nina, zahlte, verschwand in den Läden, die Giacomo mit Suchtstoff versorgten. Doch anscheinend war die Liebe der Albina Puccini zu ihrem ersten Sohn größer als ihre rechnerische Vernunft: Obwohl sie dringend jeden Zusatzverdienst gebraucht hätte, ließ sie ihn gewähren. Sie hatte wohl verstanden, dass Giacomo keiner war, der auf trockener Erde austrieb und gedieh, dass er vielmehr das Treibhausklima von Amüsement, Genuss und Begehrlichkeit brauchte, um zu wachsen. Andere Mütter hätten es ungern gesehen, dass ihr hübscher halbwüchsiger Sohn in den damals mondän parfümierten Cafés, Salons und Casinos der Badeorte Bagni di Lucca und Lerici als Pianist auftrat, dass er in verrauchten Wirtshäusern spielte und sogar in einem ziemlich anrüchigen Etablissement in Lucca, in der Via della Dogana. Er genoss eine Atmosphäre, in der es nach Menschen, nach Lust, Liebe und auch Verbotenem roch, denn sie allein inspirierte ihn.

Nichts konnte Albina an ihrem Giacomo zweifeln lassen: Die Mutter setzte sich mit einem Schreiben an Königin Margherita, deren »unermessliche Großzügigkeit« sie mit rhetorischem Geschick herausstrich, dafür ein, dass ihr Sohn einen Zuschuss zu den Studienkosten in Mailand bekam. Sie hatte sich in jenem zu Herzen gehenden Brief als arm, Giacomo als ehrgeizig und die Königin als »Mutter der Armen« bezeichnet; trotzdem reichte die »unermessliche Großzügigkeit« der Regentin für nicht mehr als 100 Lire im Monat für den Studenten. Die unermüdliche Mutter überzeugte daraufhin auch noch einen vermögenden Großonkel Giacomos, den Luccheser Arzt Dr. Nicola Cerù, dieses Stipendium aufzustocken, weil dieser seinen Sinn für die Musik gerne betonte. Albinas unerschütterlicher Glauben an Giacomos Genie trug ihn über Zweifel und Schwierigkeiten hinweg: Dass er, obwohl viel zu alt mit seinen zweiundzwanzig, die Aufnahmeprüfung in Mailand als Bester bestand, war für sie fast selbstverständlich, unverständlich blieb ihr nur, wenn ihr Junge einmal nicht obsiegte.

Ihr Leben lang blieb die Mutter die Anlaufstelle für Giacomos Bitten und Beschwerden. Und er wusste, wenn er ihr über seine Ernährung berichtete, verstand sie das richtig als Angabe zur Lage der Person. Giacomos Tagebuch aus Studentenzeiten ist für Musikwissenschaftler enttäuschend; es handelt sich primär um ein Haushaltsbuch, in dem er seine Ausgaben auflistet. Für alle, die den Menschen Puccini riechen, spüren, schmecken und verstehen wollen, ist es spannend zu erfahren, dass er sein Geld vor allem für Tabak, Pfeifen und Zigarren, Wein, Kaffee, Heringe, Reis, Brot und Sahne ausgab. Und aufschlussreich ist, dass er Albina wenig von seinen musikalischen Erfolgen, aber viel von seinen kulinarischen Entbehrungen mitteilte. Er wusste, dass sie aus seinem Speiseplan den Zustand seiner Seele und seiner Finanzen hochrechnen konnte.

»Abends gehe ich ins Café«, vermeldete er gleich zu Studienbeginn aus Mailand,

»aber meistens gehe ich nicht hin, weil ein Glas Punsch vierzig Centesimi kostet. Dafür gehe ich früh ins Bett.« Er war klug genug, ihr zu verschweigen, dass er mindestens einmal in der Woche zum Essen ausging, in eine toskanische Osteria in der Via Spadari mit dem anspruchsvollen Namen Excelsior, meistens in Begleitung seines Kumpels Pietro Mascagni. Der Inhaber, Gigi genannt, hatte zwar wenig Geld, aber viel Humor und ein Herz für den Magen armer Musikstudenten. Er schrieb an, welche Zechen nicht gezahlt wurden, und wurde offenbar nicht nervös, wenn die Schulden seiner Gäste unaufhaltsam stiegen. Ein Dokument allerdings zeigt, dass selbst Mäzen Gigi aus der Fassung zu

Augenweiden für Fremde: Noch immer umflechten die Bauern in der Garfagnana ihre Flaschen mit Weiden. Puccini liebte es, dass diese Gegend sich den Modernismen verweigerte.

bringen war. In seiner Hauszeitung, die sich »Der etruskische Kehlkopf« nannte, wurde einmal nicht ohne Erregung vermeldet: »Gestern hat sich im Excelsior ein unliebsamer Zwischenfall ereignet. Eine Person, die sicherlich in Unkenntnis der Sitten und Gebräuche dieses Milieus der hohen Geistesaristokratie gewesen ist, wagte es, nach Vertilgung einer Bistecca alla Fiorentina zu zahlen. Dieses unangenehme und beispiellose Vorgehen hat glücklicherweise keine traurigen Folgen nach sich gezogen.«

Puccini weiß, wie Gemüter weich zu kneten sind, erst recht das seiner Mutter. Seine *voce bruna*, die samtige Baritonstimme, mit der er sprach – beim Singen war er Tenor –, scheint mitzuklingen in seinen Briefen. Ihr Inhalt ist meist banal, doch psychologisch sind sie meisterlich, denn einerseits beruhigen sie Albina und erregen dennoch so viel Mitleid, wie nötig ist, um ein Care-Paket auf den Weg zu bringen.

»An Hunger leide ich nicht«, erklärt er heldenhaft, »ich esse schlecht,

aber ich schlage mir den Magen voll mit dicken Suppen, verlängerten Fleischbrühen und Ähnlichem. Mein Bauch ist zufrieden.« Albina weiß, dass jene Zufriedenheit unabdingbar ist, wenn die Professoren am Konservatorium sich über Giacomos Leistungen freuen sollen. Und ihr Sohn weiß, wie er ins Schwarze der mütterlichen Sorge trifft. Doch er besänftigt sie auch. »Um fünf Uhr gehe ich aus, um mein frugales (bescheidenes, aber ausgiebiges!) Mahl einzunehmen; Minestrone alla Milanese, die, das muss man zugeben, sehr gut ist. Ich esse drei Teller davon, danach noch etwas anderes, was satt macht, und ein Stück Gorgonzola und trinke einen halben Liter Wein. Dann stecke ich mir eine Zigarre an und gehe in die Galleria, wo ich auf und ab spaziere wie immer. Dort bleibe ich bis neun Uhr und komme dann todmüde nach Hause zurück. Ich übe noch ein wenig Kontrapunkt, aber nicht auf dem Klavier, weil das nachts nicht erlaubt ist.«

Tagsüber darf er zu Hause üben, nicht aber kochen. Und jedes verräterische Küchengeräusch hieße einen Rausschmiss zu provozieren. Dass er und seine Mitbewohner jenes Verbot zu umgehen wissen, indem Giacomo laut in die Tasten hämmert, während die anderen etwas in der Pfanne auf dem Ofen brutzeln, verrät er der Mutter nicht. Sie kann es sich aber denken, denn auf einmal braucht er Olivenöl, gutes aus Lucca, wie er es von Kind an gewohnt ist. »Ich bräuchte etwas, aber ich wage es nicht, es Dir zu sagen, weil ich weiß, dass Du auch Dein Geld zusammenhalten musst«, beginnt er den Brief zögerlich, um sofort das Wagnis einzugehen: »Aber pass mal auf, es ist nur eine Kleinigkeit. Weil ich große Lust auf Bohnen habe (man hat sogar neulich welche gemacht, aber ich konnte sie nicht essen wegen des Öls, das hier aus Sesam oder Flachskraut gemacht wird), brauche ich ein bisschen Öl, aber von dem neuen – Du weißt schon. Ich möchte Dich bitten, mir ein kleines Quantum davon zu schicken.«

Offenbar hat er aber für die Qualität des Luccheser Olivenöls bereits kräftig geworben. »... nur habe ich«, gesteht er, »den Leuten hier im Haus versprochen, sie auch davon kosten zu lassen. Also, wenn meine Betteleien fruchten, wirst Du mir den Liebesdienst erweisen (bin ich nicht ein öliger Schmeichler?), mir eine kleine Kiste zu vier Lire von Eugenio Ottolino schicken zu lassen, der es auch für den Tenor Papeschi besorgt hat?«

Es ist kennzeichnend für Puccini, dass er seine Wünsche mit ganz exakten Angaben versieht, was verblüfft, wenn man seine Handschrift kennt: eine geradezu unlesbare Sudelei, die ihm manche Bewerbungen vermasselte – und seine Notenschrift war um nichts deutlicher. Und es ist ebenso typisch für ihn, sich die Mühe zu machen, einen langen Brief zu verfassen für einen in unseren Augen nebensächlichen Wunsch. Charme war eine der Methoden Puccinis, sein Studentenleben so gut wie möglich zu gestalten, doch er scheute auch vor Listen und lässlichen Lügen nicht zurück. So schafft er etwa die notwendigen Kohlen mit einem Trick herbei, der als Bühnennummer erfolgreich sein könnte: Puccini verlässt mit seiner leeren Reisetasche das Haus, ver-

Flaniermeile für einen Bankrotteur: In der Galleria Vittorio Emanuele in Mailand ging Puccini spazieren, nicht essen – mehr als ein Kaffee war meistens nicht drin im Budget.

Puccinis Öl

Deutsche Italophile auf der Heilssuche nach dem einzig wahren Olivenöl haben zuweilen etwas beklemmend Missionarisches an sich, vielleicht weil sie die Bezeichnung *extra vergine* allzu strenggläubig deuten. Sicher ist jedoch, dass das jungfräuliche Olivenöl aus den *Colline Lucchesi*, den Hügeln rund um die Stadt Lucca, zu Recht gerühmt wird, eines der besten Italiens zu sein – und zwar schon seit dem 19. Jahrhundert. Geübt haben die Ölbauern und Ölmüller lange genug, denn angebaut wurden Olivenbäume dort schon von den Etruskern. Und die Römer in ihrem merkantilen Drang organisierten bereits eine Olivenöl-Börse. Das Öl aus der Lucchesia ist besonders fruchtig und hat einen äußerst niedrigen Säuregehalt, der manchmal noch unter dem einen Prozent liegt, den ein *extra vergine* haben darf. Typisch für das Öl aus den *Colline Lucchesi* ist seine goldgelbe Farbe mit grünen Reflexen.

Die Produzenten in den Luccheser Hügeln waren von jeher davon überzeugt, ihr Öl müsse die Welt erobern. Der erste Ölmüller Italiens, der sein Produkt nach Amerika exportierte, war ein Luccheser: Schon 1890 verkaufte Francesco Bertolli in New York, Chicago und Philadelphia – leider wurde sein feines Unternehmen, 1865 gegründet, von Unilever geschluckt. Den nach wie vor zahlreichen Ölmühlen rund um Lucca ist es zu verdanken, dass viele authentische Gerichte dort vor allem einen Zweck haben: voller Stolz das Olivenöl optimal zur Geltung zu bringen. Bohnengerichte und Gemüsesuppen vor allem, die dann *alla frantoia* oder *zuppa frantoiana* heißen. Ob das Öl so viel Ehre verdient, hängt von dem *frantoio*, der Ölmühle, oder besser gesagt dem *frantoiano*, dem Ölmüller, ab. Denn nachdem die Oliven – je nach Produktphilosophie früh, im November, oder später, bis in den März hinein – von Hand gepflückt oder mit Stöcken von den Bäumen geschlagen worden sind und auf Netzen aufgefangen wurden, kann viel schief gehen und noch mehr gepfuscht werden. In den alten Ölmühlen der Lucchesia sind fast überall noch die Steinmühlen in Betrieb, mit der die Oliven und ihre Kerne zerkleinert werden. Und die Bezeichnung »kaltgepresst« wird in den guten *frantoi* noch ernst genommen. Wird auf die Oliven beim Pressen, wobei durch die Reibungswärme die Temperatur ohnehin steigt, zusätzlicher Druck ausgeübt, entsteht derart viel Hitze, dass von »kalt« keine Rede mehr sein kann: Es herrschen nahezu Siedetemperaturen. Und das Olivenöl, das dann schließlich aus der Zentrifuge läuft, die Öl und Wasser trennt, schmeckt dann eben nicht mehr so fruchtig, wie es Olivenölkenner lieben. Ölmüller mit Berufsehre begnügen sich beim Pressen also mit jenem Druck, der durch das Eigengewicht der Oliven entsteht. Und werden belohnt mit einem Öl, das Puccini den nächsten Bettelbrief hätte schreiben lassen.

kündet dem Hausbesitzer im Vorbeigehen, er wolle nach Lucca heimreisen, lässt dann die leere Tasche bei einem weit genug entfernten Kohlenhändler füllen, kehrt zurück und erklärt, er habe leider den Zug verpasst.

Es gehört zu Puccinis Wesen, sich niemals Gedanken über die Folgen dessen zu machen, was er genießt. Auf eine unauffällige Weise kann er skrupellos sein. Schon als junger Organist hatte er seine Freunde, die den Blasebalg traten, angestiftet, Orgelpfeifen zu entwenden und beim Altmetallhändler zu versetzen, um sich seine zucker- und nikotinreichen Vergnügungen zu gönnen. Dass er dadurch zunehmend mehr Töne auslassen musste beim Spiel, war ihm wohl mehr Herausforderung als Strafe. Und er rechnete nicht damit, der Diebstahl könne auffliegen. Auch dass ihm die Liebe zu seinen Toscano-Zigarren, zum Wein und zu den *dolci* gesundheitliche Schäden bescheren würde, verdrängt er so lange, bis ihn die Wirklichkeit einholt. Das Jetzt, nicht das Morgen erfüllte ihn und seine Mutter war nie versucht, ihn davon abzubringen, raubte sie ihm mit dieser Lust doch gleichzeitig die an seiner Arbeit.

Es ist Albina, die bei Puccini die enge Verflechtung von Genussfreude und Schaffensfreude erkennt, jedoch nicht aufzulösen versucht. Sie kann sich denken, wofür Puccini Geld gebraucht hat, wenn er ihr in bemüht lustigem Ton berichtet:

"... und wenn ich nach Lucca fahre, brauche ich noch 20 Lire, um meine Uhr und meine Nadel einzulösen, die zur Erholung im Leihhaus sind."

Allerdings sorgt Giacomo dafür, dass seine Mutter von allzu unangenehmen Informationen verschont wird, denn es trüge kaum zu Albinas Seelenfrieden bei, wenn sie den speziellen Stadtplan ihres Sohnes kennte – auch er eine Folge der Genussfreudigkeit.

Puccini und seine Freunde, zu dem früh schon der Bäckersohn Pietro Mascagni gehörte – ähnlich begabt und ähnlich pleite wie Giacomo –, haben auf der Straßenkarte Mailands nämlich einige Stellen rot markiert: Stellen, die sie weiträumig umgehen, um nicht ihren Gläubigern zu begegnen und die Schulden begleichen zu müssen. Dabei klingen seine kulinarischen Exzesse nicht aufwändig. »… bis gegen drei gearbeitet und dann eine Schüssel Zwiebeln verspeist«, meldet er dem Bruder nach Amerika. Gibt ihm gegenüber aber zu: »Spare du wenigstens Geld. Ich habe hier wenig Hoffnung.«

Offenbar hat Albina ihren Liebling aber nicht nur mit Bewunderung versorgt, sondern auch mit hilfreichen Küchenkenntnissen. »Ich habe Zahnschmerzen. Ich habe Erdbeeren eingemacht und vier Kilo Kirschen in Weingeist eingelegt. Alles an einem Tag«, berichtet er, unüberhörbar stolz auf diese Großtat.

Als Leitmotiv über seinen frühen Mailänder Jahren könnten zwei Sätze aus einem Brief an Albina stehen: »Wie reich Mailand doch ist!« und »Verfluchte Armut!«

Er fühlt sich gedemütigt von seiner Mittellosigkeit; vielleicht ein Grund dafür, dass er sein ganzes späteres Leben lang geizig bleiben wird. Puccini ist überzeugt davon, dass einem Menschen, der mit besonderer Begabung beschenkt und mit Empfindsamkeit geschlagen ist, das Schicksal angenehme Lebensumstände zu bescheren hat, die seine Nerven schonen. Er glaubt, dass einer wie er, der weiß, was Qualität ist, auch mit ihr bedacht werden sollte. Von Kind an hat er es in der Küche seiner Mutter gelernt, dass Qualität bedeutet, nicht an der falschen Stelle zu sparen – an der Zeit. Instantprodukte, Konserven oder Fertigsaucen haben auch heute in der echten Küche seiner Heimat nichts zu suchen, denn sie gelingt nur, wenn der Koch außer der nötigen Geduld auch Ehrfurcht vor dem Produkt aufbringt. Nur dann nämlich belässt er dem Gemüse, dem Fisch, der Frucht ihren eigenen Charakter, deckt ihn nicht zu mit fremden, gefälligen Aromen. Der Sinn für das Ausgangsmaterial ist die Basis jeden Qualitätsempfindens. Und die Bereitschaft, daraus das Allerbeste zu machen, gleichgültig, wie viel Überwindung und Mühe es kostet, ist sein Beweis. Puccini hat – zählt man »Il Trittico«, jene Triptychon genannte Dreier-Oper, als eine – nur zehn Opern komponiert. Ausgerech-

Vorherige Seite:
Vernetzt mit den Gourmets der Welt: Die Oliven der Colline Lucchesi geben überragendes Öl; die Ernte, bei der mit Stöcken die Früchte von den Bäumen geschlagen und in Netzen aufgefangen werden, ist Knochenarbeit.

Gegenüber:
Schauwand für die Schaulust: Die Marmorfassade von San Michele in Foro, die das Mittelschiff überragt, begeistert die Besucher Luccas. Puccini, der um die Ecke wohnte, nahm sie wohl gar nicht mehr wahr.

net er, der von Kritikern gern als oberflächlich und schnellfertig verunglimpft wurde und wird, nahm sich Zeit, um das zu erreichen, was er wollte. Wer qualitätsbewusst ist, muss kritikfähig sein, vor allem selbstkritikfähig. Dass Puccini das war, belegen die vielen Umarbeitungen, die er an seinen Opern vornahm, wenn sie anfangs keinen Erfolg hatten. Um das beste Ergebnis zu erzielen, nahm er die schmerzliche Prozedur immer wieder auf sich, ein fertiges, aber anscheinend nicht vollendetes Werk noch einmal ganz in Frage zu stellen. Er wollte Qualität liefern. Und meinte, damit auch Lebensqualität verdient zu haben. Doch er musste lange warten, bis sich der Zustand einstellte, der ihm entsprach.

Folgende Doppelseite:
Glänzende Ideen: Maronen, die in der Garfagnana besonders üppig gedeihen, inspirieren dort die Küche; sie werden zu Polenta, Kuchen, Pasta, Suppen oder Desserts verarbeitet.

Antipasti & Insalate

Vorspeisen und Salate

Crostini

Jeder, der einmal in der Toskana war, kennt Crostini als eine Vorspeise, ursprünglich aber war sie das Hauptessen der armen toskanischen Bauern. Selbst wenn heute nicht alle Crostini unbedingt billig sind – auch in der Toskana haben Steinpilze ihren Preis –, gehörten sie ursprünglich zu den Gerichten, die fast nichts kosteten. Was darauf kam, hatte jeder Bauer im Garten oder sammelte es in der Natur. Das von den Deutschen gern als fad geschmähte ungesalzene italienische Brot ist für Crostini besser geeignet als unsere aromatischen Brotsorten, denn so kommen die Aromen des Aufstrichs, vor allem aber der Geschmack eines guten Olivenöls viel besser zur Geltung. Die Brotscheiben kann man traditionell, also über der Feuerglut, oder aber im Grill oder Toaster rösten und dann halbieren oder dritteln. Wer die Crostini historisch korrekt als einzigen Gang servieren will, kann mit einer Auswahl unterschiedlicher Beläge ein verblüffend reichhaltiges und delikates Essen zaubern.

Crostini alle erbe

Crostini mit Kräutern

Zutaten

- je 1 TL gehackte Blätter von Oregano oder Majoran, Thymian, Salbei und Estragon
- 1 Knoblauchzehe
- 1 Prise Chilipulver
- 4 Scheiben toskanisches Weißbrot
- Olivenöl extra vergine

Zubereitung

Die Kräuter mit dem fein zerriebenen Knoblauch und Chili mischen. Die Brotscheiben rösten, halbieren oder dritteln. Mit der Kräutermischung bestreichen und mit etwas Olivenöl beträufeln. Warm servieren.

Crostini al ginepro
Crostini mit Wacholder

Zutaten

- 100 g frische Wacholderbeeren (keine getrockneten!)
- 75 g Butter
- 3 EL Olivenöl extra vergine
- Salz, Pfeffer aus der Mühle
- 6 Scheiben Roggenbrot oder ein anderes halbdunkles Brot (kein Vollkornbrot)

Zubereitung

Die Wacholderbeeren mit der Butter, dem Olivenöl, etwas Salz und Pfeffer zu einer dicken Masse verarbeiten. Die Brotscheiben leicht anrösten, halbieren oder dritteln und mit der Wacholdercreme bestreichen.

Die Creme kann auch im Voraus zubereitet und im Kühlschrank aufbewahrt werden, sollte beim Servieren aber Zimmertemperatur haben.

Crostini verdi all'uovo
Grüne Crostini mit Ei

Zutaten

- 3 Eier, hart gekocht und abgepellt
- Blätter von 2 Bund Petersilie
- 2 EL Kapern
- 4–6 eingelegte Sardellen
- nach Bedarf Mayonnaise (am besten selbst gerührte), etwa 6 Esslöffel
- 4 Scheiben toskanisches Weißbrot

Zubereitung

Die Eier mit den Petersilienblättern, den Kapern und den Sardellen fein hacken, mit der Mayonnaise vermischen und das Ganze kalt stellen. Die Brotscheiben anrösten, halbieren oder dritteln. Unbedingt abkühlen lassen! Dann erst dick mit der Creme bestreichen.

Crostini al cavolo

Crostini mit Kohl

Zutaten

500 g Schwarzkohl (Cavolo nero), ersatzweise Grünkohl oder Wirsing, gewaschen und die Blätter von der Mittelrippe befreit
Salz
4 Scheiben toskanisches Weißbrot
2 Knoblauchzehen, geschält
Pfeffer aus der Mühle
Olivenöl extra vergine

Zubereitung

Den Kohl mit wenig Wasser und etwas Salz in einem Topf etwa 10 Minuten garen, bis er weich ist. In einem Sieb gut abtropfen lassen, etwas ausdrücken und klein hacken. Die Brotscheiben auf beiden Seiten rösten, mit den Knoblauchzehen gründlich einreiben, mit dem gehackten Kohl bestreichen, pfeffern und mit etwas Olivenöl beträufeln. Variante: Etwas frisch geraspelten Pecorino über den Kohl streuen.

Unsere Vorstellung von der fleischreichen toskanischen Küche wird gerade in ländlichen Gebieten der nördlichen Toskana, aus der Puccinis Sippe stammt, aber auch in den nicht touristisierten Dörfern der Maremma gründlich widerlegt. Und Kohl, hierzulande nicht eben als typisch für Italiens Töpfe bekannt, ist ein Lieblingsgericht mit zahllosen Varianten geblieben. Leider ist der *cavolo nero*, der Schwarzkohl, mit seinen tief-, fast schwarzgrünen Blättern bei uns nicht zu bekommen. Doch er kann bei den meisten Rezepten – wie bei diesen Crostini – durch Wirsing oder Grünkohl ersetzt werden.

Crostini bianchi ai funghi

Weiße Crostini mit Steinpilzen

Zutaten

3 mittelgroße Steinpilze
2 Knoblauchzehen, enthäutet und fein gehackt
5 EL Olivenöl
Salz
Pfeffer aus der Mühle
Blätter von 1 Bund Minzeblätter, gehackt
4 Scheiben toskanisches Weißbrot

Zubereitung

Füße und Hüte der Steinpilze voneinander trennen, den untersten, harten Teil der Füße wegschneiden, dann alles andere mit einem trockenen Tuch vorsichtig abreiben (auf keinen Fall waschen), Hüte und Stiele in feine Scheiben schneiden. Den Knoblauch im Olivenöl anschwitzen, bis er Farbe annimmt, die Pilze dazugeben, salzen, pfeffern, zudecken und bei geringer Hitze etwa 10 Minuten schmoren.

Die Minze (sie muss vollkommen trocken sein) zu den Pilzen geben, darunter mischen und alles 2 Minuten weiterschmoren.

Den Topf vom Herd nehmen und die Mischung entweder klassisch in einem Mörser oder mit einem Pürierstab zu einer gleichmäßigen Masse verarbeiten.

Die Brotscheiben kurz anrösten, mit der heißen Pilzcreme bestreichen und sofort servieren.

Involtini di melanzane
Auberginenröllchen

Zutaten

1 sehr große Aubergine, Stielende abgeschnitten, der Länge nach in 12 feine Scheiben geschnitten (die Randscheiben mit der vielen Haut weglassen)
Salz
7 EL Olivenöl
1 große rote Paprikaschote, geröstet und enthäutet, in 12 Stücke geschnitten
250 g Ricotta
12 Blätter Basilikum
Pfeffer aus der Mühle

Zubereitung

Die Auberginenscheiben nacheinander in ein Sieb geben und dabei jede salzen. 1 Stunde ziehen lassen, mit kaltem Wasser abbrausen und gründlich trocken tupfen.
4 Esslöffel Olivenöl in einer großen Pfanne erhitzen, die Auberginenscheiben darin andünsten; sie dürfen weder zu weich noch braun werden. Die Scheiben herausnehmen und auf Küchenkrepp abtropfen lassen.
Den Backofen auf 200 °C vorheizen.
Die Auberginen auf einer Arbeitsfläche auslegen, auf jede Scheibe ein Stück der gerösteten Paprika geben. Über das Ganze dünn Ricotta streichen (aber nicht bis zu den Auberginenrändern) und je 1 Basilikumblatt darauf legen. Salzen und pfeffern. Die Auberginenscheiben aufrollen und nebeneinander in eine mit Öl ausgestrichene Backform betten. Die Form mit Alufolie verschließen und im vorgeheizten Ofen etwa 10 Minuten backen.

Die Luccheser Gegend ist bekannt für besonders gute Ricotta. Daher wird dieses Gericht hier nicht – wie üblich – mit Mozzarella, sondern mit Ricotta zubereitet.

Zucchini a scavece

Sonnengetrocknete Zucchini mit Minze und Knoblauch

Zutaten

9 große Zucchini
180 ml Olivenöl
Blätter von 2 Bund Minze, grob gehackt
4 Knoblauchzehen, geschält und fein gehackt
5 El milder Weißweinessig
5 El Olivenöl extra vergine

Zubereitung

Die Zucchini der Länge nach in hauchfeine Scheiben schneiden, dann entweder auf einem Holzbrett, abgedeckt mit einem Tuch, in der Sonne 3 bis 4 Stunden trocknen, oder auf ein Backblech legen und im vorgeheizten Backofen bei 140 °C etwa 1 Stunde trocknen lassen, ohne dass sie dabei braun werden.

Das Olivenöl in einer großen Pfanne erhitzen, die Zucchinischeiben von einer Seite goldbraun braten. Auf Küchenkrepp abtropfen lassen.

Öl, Essig, Salz und Pfeffer verquirlen. Die Zucchinischeiben in eine Schale geben und die Vinaigrette darüber gießen. Die Minze darüber streuen, unterrühren und das Ganze im Kühlschrank über Nacht ziehen lassen.

In Viareggio und Livorno heißt diese jüdische Art, Gemüse zu marinieren, *scavece*, auf Sizilien *scapece*, in Ligurien *scabeccio*.

Panzanella

Brotsalat (auch *pan molle* genannt)

Zutaten

- 6 Scheiben altbackenes Bauernbrot
- 4 schnittfeste Fleischtomaten, gewürfelt
- 4 kleine feste Gärtnergurken (je etwa 25 cm lang), geschält und gewürfelt
- 3 mittelgroße rote Zwiebeln, geschält und fein gehackt
- 2 Stangen Staudensellerie, abgezogen und fein gehackt
- 2 El gehackte Basilikumblätter
- 2 El fein gehackter Rucola oder fein gehackte Minze,
- 6 große entsteinte Oliven, fein gehackt
- 1 El weißer Aceto balsamico oder ein milder Weißweinessig
- 4 El Olivenöl extra vergine
- Salz
- Pfeffer aus der Mühle
- Basilikum zum Garnieren (nach Belieben)

Zubereitung

Das Brot etwa 1 Minute in kaltem Wasser einweichen, dann gründlich mit den Händen ausdrücken und in eine Schüssel bröseln. Tomaten, Gurken, Zwiebeln, Sellerie, Basilikum, Rucola oder Minze und Oliven zum Brot geben. Essig, Öl, Salz und Pfeffer gut vermischen, diese Mischung über den Brotsalat geben und alles miteinander vermengen. Einige Stunden ziehen lassen und kalt – nach Belieben mit weiterem gehacktem Basilikum bestreut – servieren.

Insalata di fagioli
Bohnensalat

Zutaten

175 g getrocknete Giallorini-Bohnen oder Cannellini-Bohnen, über Nacht in so viel Wasser eingeweicht, dass es 8 cm über den Bohnen steht
Salz
1 große Zwiebel, geschält und grob gehackt
6 Salbeiblätter
4 Anchovisfilets, vom Salz befreit und geputzt
6–8 El Olivenöl
1 El Rotweinessig
2 Dotter von hart gekochten Eiern
Blätter von 1 Bund Petersilie, grob gehackt
Pfeffer aus der Mühle

Zubereitung

Die eingeweichten Bohnen abgießen, in frischem Wasser waschen, in einen großen Kochtopf geben und wiederum so viel Wasser zugießen, dass es 8 cm über den Bohnen steht. Bei mittlerer Hitze zum Kochen bringen, dann sofort zurückschalten und bei geringer Hitze sanft in 45 bis 60 Minuten garen. Die Bohnen sollen weich sein, aber noch einigermaßen ihre Form behalten. Sind sie fast gar, Salz zu den Bohnen geben und fertig garen. In ein Sieb abgießen und abtropfen lassen. Beiseite stellen.

Alle restlichen Zutaten in die Küchenmaschine geben und so klein hacken, dass sie fast cremig sind. Ist keine Küchenmaschine vorhanden, alles mit dem Wiegemesser fein wiegen und zum Schluss zerreiben.

Die gut abgetropften Bohnen mit den zerkleinerten Zutaten mischen. Pfeffern, nochmals vorsichtig mischen und etwa 1 Stunde bei Zimmertemperatur ziehen lassen (nicht in den Kühlschrank stellen!). Vor dem Servieren nochmals durchmischen.

Das Rezept wird traditionell mit Cannellini-Bohnen zubereitet, die man in jedem gut sortierten Supermarkt kaufen kann, während die Giallorini-Bohnen außerhalb Italiens nicht zu bekommen sind.

Tortino di farro con gli zucchini

Gesalzener Dinkelkuchen mit Zucchini

Zutaten

250 g Dinkel, über Nacht
  zugedeckt eingeweicht
1 l Gemüsebrühe
3–4 El Olivenöl
75 g Butter
500 g Zucchini, in Scheiben
  geschnitten
3 Knoblauchzehen,
  geschält und zerrieben
600 g reife Tomaten, überbrüht,
  enthäutet, entkernt und
  gewürfelt
200 g Ricotta
1 Ei
Blätter von 1 Bund Basilikum
Blätter von je 1 Bund Minze,
und glatter Petersilie,
  fein gehackt
150 g Parmesan oder Pecorino,
  frisch gerieben
Salz, Pfeffer aus der Mühle
Öl für die Form, Semmelbrösel

Zubereitung

Den Dinkel gut abbrausen und in der Gemüsebrühe etwa 30 Minuten kochen, bis die Flüssigkeit aufgesogen ist; zugedeckt weitere 20 Minuten quellen lassen.

Den Backofen auf 200 °C vorheizen.

Butter und Olivenöl in einer Pfanne erhitzen, die Zucchini und den Knoblauch zugeben und goldbraun braten. Herausnehmen und das überschüssige Fett abtropfen lassen. Nun auch die Basilikumblätter zerpflücken oder grob hacken.

Tomaten und Ricotta mit den gesamten fein gehackten Kräutern und dem geriebenen Parmesan zu dem Dinkel geben. Salzen, pfeffern und alles gut mischen.

Eine Auflaufform mit Olivenöl auspinseln, den Boden mit der Hälfte der Zucchinischeiben bedecken, die Dinkelmasse darauf verteilen und mit der anderen Hälfte der Zucchinischeiben zudecken. Semmelbrösel darüber streuen und im vorgeheizten Ofen in 20 Minuten goldbraun backen.

Für eine hausgemachte Gemüsebrühe Sellerie, Karotten, Lauch, Zwiebeln, Petersilie samt Wurzel und Knoblauch verwenden und mit Nelken, Lorbeerblättern und Thymianstängeln würzen.

Code di scampi con purea di fagioli

Scampi auf Püree von weißen Bohnen

Zutaten

Für das Kräuter-Öl:
1/8 l Olivenöl extra vergine
3 Zweige Salbei
3 Zweige Rosmarin, zerpflückt
Salz, Pfeffer

Für den Sud:
1/8 l Olivenöl
1/8 l Weißwein
Salz und Pfeffer
16 Scampi
1 mittelgroße Zwiebel, gewürfelt
400 g vorgekochte Cannellini-Bohnen (Zubereitung siehe »Insalata di fagioli«, Seite 48)
1/2 l milde hausgemachte Gemüsebrühe

Zubereitung

Für das Kräuter-Öl das Olivenöl extra vergine mit Salbei und Rosmarin, Pfeffer und Salz köcheln lassen, bis es einen intensiven Geschmack hat. Die Kräuter entnehmen. Beiseite stellen.

Für den Sud das normale Olivenöl, Weißwein, Salz und Pfeffer mit 1/2 Liter Wasser verkochen. Wenn der Sud sprudelnd kocht, die Scampi hineingeben. Den Topf vom Herd nehmen und die Scampi ziehen lassen, bis sie gar sind, aber noch zart.

In einem Bräter die Zwiebelwürfel im Olivenöl glasig dünsten. Die Bohnen dazugeben und mit der Brühe aufgießen. Durchkochen und pürieren.

Das Bohnenpüree auf Teller verteilen, mit dem Kräuter-Öl extra vergine begießen und die Scampi darauf anrichten.

Tortino di farro
Gesalzener Dinkelkuchen

Zutaten

Für die Füllung:
250 g Dinkel, über Nacht in reichlich Wasser – zugedeckt – eingeweicht
2 l Milch
200 g Ricotta
3 Eier
170 g Zucker
50 g Mehl
Salz

Für den Teig:
250 g Mehl
125 g Butter
1 Ei
1 Prise Salz
1 Prise Zucker
2–3 EL Milch oder Wasser (bei Bedarf)
Butter für die Form
1 Ei zum Bestreichen, verquirlt

Zubereitung

Für die Füllung den Dinkel gut abbrausen und in der Milch etwa 30 Minuten lang kochen, bis die Flüssigkeit aufgesogen ist. Vom Herd nehmen und zugedeckt etwa 20 Minuten quellen lassen. Abkühlen lassen.

Wenn der Dinkel lauwarm ist, mit den restlichen Zutaten für die Füllung gut vermischen.

Den Backofen auf 160 °C vorheizen. Eine Auflaufform mit Butter auspinseln.

Für den Teig alle Zutaten zu einem glatten, geschmeidigen Teig kneten. Mindestens 1 Stunde in den Kühlschrank stellen.

Den gekühlten Teig ungefähr halbieren und jeweils dünn ausrollen. Mit der einen Hälfte die Form auslegen. Die Dinkelmasse auf dem Teigboden verteilen und mit der anderen Hälfte die Masse abdecken. Die Oberfläche mit dem Ei bestreichen. Im vorgeheizten Ofen in 40 Minuten goldbraun backen.

Insalata di tonno e fagioli

Salat aus weißen Bohnen und Thunfisch

Zutaten

- 170 g vorgekochte Cannellini-Bohnen (Zubereitung siehe »Insalata di fagioli«, Seite 48)
- 1 mittelgroße milde rote Zwiebel, geschält und in feine Ringe geschnitten
- Salz
- 200–250 g sehr guter Thunfisch in Olivenöl, abgegossen und abgetropft
- 6–8 EL Olivenöl extra vergine
- Saft von ½ Zitrone
- Blätter von 1 Bund Petersilie, gehackt
- 1 Knoblauchzehe, geschält und fein zerrieben
- schwarzer Pfeffer, grob zerstoßen oder grob gemahlen

Zubereitung

Die gut abgetropften Bohnen und die Zwiebelringe in eine Schüssel aus Porzellan oder Keramik geben, salzen und vermischen. Den Thunfisch auf einem Teller grob zerblättern und zu den Bohnen geben. Öl, Zitronensaft, Petersilie und Knoblauch zugeben. Mit Pfeffer würzen und alles sachte vermischen. Sofort servieren.
Gut dazu passt einfaches Brot.

Cozze al sugo di pomodoro
Miesmuscheln mit Tomatensauce

Zutaten

8 EL Olivenöl extra vergine
3 Knoblauchzehen, geschält und fein gehackt
Blätter von 1 Bund Petersilie, fein gehackt
1 kg Tomaten, überbrüht, enthäutet, entkernt und gewürfelt
2 Chilischoten, gehackt

¼ l Weißwein
1 kg Miesmuscheln, gut abgebürstet und gewaschen (geöffnete Muscheln wegwerfen)
4 Scheiben Weißbrot, mit einer geschälten Knoblauchzehe eingerieben

Zubereitung

Das Öl in einem großen Topf erhitzen und den Knoblauch darin golden braten. Die Petersilie einrühren. Tomaten, Chilischoten und Wein zugeben. 25 Minuten im offenen Topf sanft köcheln und eindicken lassen, bis sich das Olivenöl von den Tomaten absetzt. Alle Muscheln (mit Schalen) in die Sauce, den Deckel aufsetzen und auf starke Hitze schalten. Ab und zu kontrollieren, wie weit die Muscheln sind. Haben sich (fast) alle geöffnet, sind die Muscheln gar (diejenigen, die geschlossen bleiben, nicht essen!). In jeden Teller eine Scheibe Knoblauchbrot legen, Muscheln mit Tomatensauce darüber geben.

Uova al pomodoro

Eier mit frischen Tomaten

Zutaten

4 EL Olivenöl
500 g reife Tomaten, überbrüht und enthäutet,
 entkernt und gewürfelt
1 kräftiger Bund Basilikum,
 in feine Streifen geschnitten
1 Prise Zucker

4 Eier
Salz
Pfeffer aus der Mühle
Petersilie und frische Lorbeerblätter
 zum Garnieren
 (nach Belieben)

Zubereitung

Das Olivenöl in einer großen Pfanne erhitzen, die Tomatenwürfel und das Basilikum hineingeben und andünsten, leicht zuckern. Wenn die Tomaten Saft ziehen, vier Vertiefungen hineindrücken, in jede ein Ei hineinschlagen. Wenn die Eier stocken, alles salzen und pfeffern. Vorsichtig auf vier Teller verteilen und nach Belieben mit Petersilie und Lorbeerblättern garnieren.

Die Liebe zum großen Gefühl

Über die Magie eines schüchternen Manns

Dass er so stolz war auf seinen Einfall, hat Signore Narciso Gemignani bis zu seinem Tod bereut. Eigentlich war seine Idee ja gut gewesen, den Schulfreund aus Lucca, wenn er einmal daheim war, als Gesangslehrer für seine Frau Elvira zu beschäftigen. Schließlich war Puccini wie Narciso selbst ein Luccheser, berühmt für ihren Stolz und streng katholisch. Dafür, dass Giacomo fromm und ehrenwert war, sprachen doch schon allein seine frühen Werke; er hatte, wie Gemignani wusste, schon eine Motette und ein Credo, zwei Präludien, ein Salve Regina und eine Messe geschrieben. Vielleicht hätte es den reichen Drogeriegroßhändler misstrauisch machen sollen, dass sein Schulfreund Giacomo plötzlich eine »*Storiella d'amore*«, eine »Kleine Geschichte von der Liebe«, erdichtet von Ghislazoni, vertont hatte. Möglicherweise hätten ihn auch Giacomos Freunde aus Mailand warnen können, die wussten, dass Giacomo für eine Liebe alles aufs Spiel setzte. Immerhin hatte er in einer Jahreszeit, wo er ihn dringend gebraucht hätte, seinen Mantel ins Leihhaus getragen – und nur dafür verpfändet, um eine Ballerina, der er verfallen war, ein paar Abende lang freizuhalten. Aber Gemignani hatte zu den Mailändern keinen Kontakt, hatte mit seiner Elvira bereits zwei Kinder und die feste Überzeugung, seine Ehe sei durch nichts und niemanden zu erschüttern. Die Männerfreundschaft blieb friedlich, bis Elvira sich entschloss. Der sechsundzwanzigjährige Komponist und Elvira Gemignani, geborene Bonturi, vierundzwanzig Jahre alt, wurden ein Liebespaar. Puccinis Freunde in Mailand waren fassungslos: Wie konnte sich Puccini nur ausgerechnet an dieser Frau vergreifen, wohl wissend, welche Scherereien das bringen musste? Und obwohl er in der Großstadt ein sattes Angebot an Schönheiten vor Augen hatte?

Psychoanalytiker erklären dies wahrscheinlich damit, dass sechs Monate nach dem Triumph von Puccinis erster Oper, »Le Villi«, seine Mutter gestorben war und ihr Sohn in der neuen Frau einen neuen weiblichen Halt suchte. Denn es liegen nur wenige Tage zwischen dem Tod von Albina Puccini am 17. Juli 1884 und der Flucht von Signora Gemignani nach Mailand. Dass Elvira schon jung etwas Matronenhaftes hatte, passt in dieses Psychogramm. Mit Elvira durchzubrennen hieß heimkommen. Ästheten würden

Vorherige Doppelseite:
Sesshaft und schmeichelhaft: Sehr viel schlanker als in Wirklichkeit und absolut ortsgebunden thront Puccini in Bronze auf dem Platz vor seinem Geburtshaus, der idyllischen Corte San Lorenzo.

Gegenüber:
Stattlich, weiblich, mütterlich: Das war die Elvira, in die sich Giacomo verliebte. Doch sie veränderte sich an der Seite ihres leicht entflammbaren, lustbetonten Ehemanns zu einer zänkischen, eifersüchtigen und verhärteten Person.

auf den verfügbaren Fotos einfach erkennen, dass Elvira attraktiv war; dunkelblond, groß, kurvenreich und mit jenem majestätischen Ebenmaß gesegnet, bis hin zu den Augenbrauen, die jedem katholischen Kind von den Madonnen her bekannt war. Puccini suchte also etwas Vertrautes, Nestwärme, Fürsorge, Rückkehr zu dem Ursprung – und Elvira stammte aus seiner Heimatstadt.

Den Lucchesern stellte sich die Frage zu diesem skandalösen Verhältnis natürlich andersherum. Ihnen war es ein Rätsel, wie Elvira den sicheren Wohlstand mit einem reichen, gutartigen Mann für einen Bohemien aufgeben konnte, der außer einem bestandenen Examen am Mailänder Konservatorium und einem Erstlingserfolg mit »Le Villi« nichts vorzuweisen hatte.

Die Lösung jenes Rätsels liegt in Puccinis Charisma. Ihm verfiel Elvira und ahnte nicht, dass sie später genau daran leiden würde. Puccini besaß das, was die meisten Frauen schwach werden lässt, jene leise Traurigkeit, die mütterliche Instinkte wach kitzelt, und jene triebhafte, bedenkenlose Lüsternheit, die jeder Frau schmeichelt, weil sie ihr die eigene Macht und Unwiderstehlichkeit beweist. Sicher haben auch sein Wille zur Schönheit, seine Sehnsucht nach Eleganz Elvira bezaubert. Puccinis Genussfähigkeit besaß Größe, so klein die Verhältnisse auch sein mochten, in denen er damals lebte. Und seine Schüchternheit, seine Verletzlichkeit zog gerade starke und stabile Frauen an. Bis an sein Lebensende, wo sein Selbstbewusstsein längst vom Erfolg hätte gestählt sein müssen, spürte der Schriftsteller Ugo Ojetti noch, »dass dieser empfindsame Mensch sich seiner Zuneigungen und Leidenschaften schämt. Als Toskaner oder vielmehr Lucchese verbirgt er sie hinter einem spöttischen Lächeln wie jemand, der mit der Hand eine Flamme schützen will vor dem Wind«. Dieser Wesenszug in Verbindung mit souverän wirkender Attitüde, das musste wirken auf die bis dahin brave Signora Gemignani. Denn auch wenn ihr Ehemann Geld hatte und der Verehrer nicht: Puccini verfügte, schon lange bevor er sich teure Konfektion leisten konnte, über das Talent, bei aller Unsicherheit seine Auftritte zu inszenieren, und er besaß trotz seiner damaligen Nervosität eine gewisse Lässigkeit, die im starren Lucca faszinierte. Erst recht eine stadtbekannte Schönheit wie Elvira, die zu diesem Zeitpunkt wohl erkannte, wie eng ihr Lebenskreis sich um sie zuzog – und dass das Kapital ihrer eindrucksvollen Erscheinung bald verbraucht sein würde, ohne das große leuchtende Liebesglück gebracht zu haben, von dem jede Schöne meint, es stünde ihr zu.

Was war das schon, ihr Dasein in Lucca? Glanzlos, sensationslos. Nicht mehr als jene langweilige Sicherheit, bereichert durch zwei Kinder, die Tochter Fosca und den Sohn Renato, die ihr Mann wohl als Familienidylle bezeichnete. Mit vierundzwanzig erkannte Elvira wohl, dass der weitere Verlauf ihres Lebens absehbar wäre. Eine Erkenntnis, die erschreckend sein kann, so heftig, dass eine Frau den Ausbruch wagt. Als Elvira in die Unsicherheit nach Mailand aufbrach, nahm sie Fosca mit, den für damalige Begriffe wichtigeren Stammhalter Renato ließ sie ihrem gehörnten Gatten zur Ehrenrettung. Am 23. Dezember 1886, einen Tag nach dem 28. Geburtstag seines Vaters Giacomo, wurde dann Antonio Puccini geboren, der gemeinsame Sohn, der, bis er achtzehn wurde, mit dem Stigma »lediges Kind« herumlaufen musste; erst 1904, als Gemignani starb, konnte Elvira Giacomo heiraten.

Dass ihr Bruder in Sünde lebte, entsetzte Puccinis Schwestern, vor allem die geistliche, Iginia, die als Nonne im Kloster von Vicopelago als Giulia Enrichetta lebte und als sittenstreng bekannt war. Der warme Umgangston kühlte eine Zeit lang drastisch ab. Besonders aber brachte das ehebrecherische Verhältnis des jungen Talents den Großonkel Dr. Cerú auf. Und dessen Empörung kam den Komponisten teuer zu stehen: Umgehend, verlangte Cerú, müsse Puccini ihm das Darlehen zum Stipendium zurückzahlen, zuzüglich Zinsen. Dieses Risiko war Puccini durchaus bewusst gewesen, dennoch ging er es ein. Das Rätsel seines Verhaltens ist nur zu lösen, wenn wir verstehen, dass er nichts mehr brauchte als das große, alles umarmende Gefühl.

»Ich fühle, also bin ich« stand als Leitmotiv über seiner ganzen Existenz.

Er genoss es, von seiner Leidenschaft weggerissen zu werden, so als wollte er selbst das erleben, was er seine Operngestalten erleben ließ, die nahezu alle durch die Liebe bestimmt werden; durch die Liebe werden sie stark oder schwach, hingebend oder bösartig, haltlos oder kämpferisch. Er gestand: »Ich bin ein passionierter Jäger – auf Wasservögel, gute Texte und Frauen.« Dieses vermeintlich flapsige Eingeständnis verrät viel. Denn Passion ist immer Leidenschaft und Leiden zugleich. Was Puccinis Frauengeschichten angeht, so hört es sich manchmal komisch und manchmal tragisch an, wie er, der Jäger, auf einmal zum gescheuchten Wild wurde, sich nicht mehr zu retten wusste und Zuflucht suchte zu bizarren Ausreden oder lustvoller Resignation. In Wien, wo er auf dem Höhepunkt seines Ruhms gastierte, belagert von Journalisten und Verehrern, zog er sich oft mit Zigarre oder Zigarette im Pyjama ins Bett zurück. Da wurde ihm übers Haustelefon gemeldet, eine junge Dame wünsche ihn zu sprechen. Puccini fragte ab, was diese junge Dame äußerlich zu bieten habe. Das Ergebnis der Frageaktion: Er bat sie zu sich. Die Verehrerin erschien leider mit einem Begleiter, der sich zu Puccinis Beruhigung als Bruder entpuppte, der auf dem Weg in den Musikunterricht war und die Schwester auf dem Rückweg wieder abholen wollte. In diesem Moment noch mehr Herr als Mann, bat Puccini darum, sich salonfähig anziehen zu dürfen. Als er aus seiner Ankleide trat, sah er etwas unerwartet Erfreuliches: Das Mädchen stand bereits nackt ausgezogen da. »Una povera pazza« – eine arme Wahnsinnige – will Puccini gedacht und aus Mitleid heroisch seinen Wunsch unterdrückt haben, die offenbar Geisteskranke dem Hoteldiener zu übergeben.

Geschichten wie diese, überliefert in dem vergriffenen kleinen Band »*Giacomo Puccini intimo*« von Guido Marotti, verbreiteten seine Freunde mit Begeisterung, vielleicht auch mit Befriedigung, weil kaum einer Puccinis Gattin leiden konnte.

Es fragt sich jedoch, wie viele von jenen erotischen Jagdabenteuern Puccini wirklich Genuss bescherten. Vielleicht jene Episode in Wien, dieses sich selbst anbietende Betthupferl, denn das geschah abseits der häuslichen Überwachung. Vielleicht auch zuvor schon die Affären, die sich bei der Probenarbeit in Mailand oder Turin ergaben, wenngleich nicht jede attraktive Sopranistin Puccini wie eine reife Frucht in die Arme fiel, es waren schließlich auch noch die Arme von Toscanini und anderen Frauenhelden auffangbereit. Um Elvira von den Proben fern zu halten, wurde Puccini vorsichtshalber deutlich. »Du sagst immer, dass Du herkommen willst«, schrieb er aus Turin nach Hause, wo er die Uraufführung der »Bohème« vorbereitete. »Bist Du verrückt? Bei dem Leben, das ich führe! Du müsstest allein essen und würdest mich kaum sehen, so viel habe ich zu tun.« Mit letzterer Bemerkung traf er ins Schwarze von Elviras Befürchtungen, aber immerhin ließ sie ihn dort in Ruhe seine erotischen Amouren auskosten. Kaum aber dürfte er jene kleinen oder größeren Fluchten genossen haben, die Elvira mit detektivischem Einsatz aufdeckte und zur Rechtfertigung eines Terrorregimes nutzte.

Sicher war sie selbst mit schuld daran, dass Puccinis Liebe zu ihr so früh erloschen war, denn ihr fehlte jede Leichtigkeit, jede Heiterkeit, jede Gelassenheit. Wer jedoch weiß, wie eng Torre del Lago – das Dorf, in dem die Puccinis sich niedergelassen hatten – damals war, versteht auch, wie sehr Elvira unter den Seitensprüngen jenes Mannes litt, für den sie ihre Sicherheit und bürgerliche Anerkennung aufgegeben hatte. Sie musste sich in dieser Dorfgesellschaft als prominente Zugereiste dem Spott und der Häme ausgesetzt fühlen und zudem verraten für all das, was sie Giacomos wegen ertragen hatte. Doch je mehr sie ihren Mann kontrollierte, desto mehr entzog er sich ihr. Fosca, ihre Tochter aus erster Ehe, versuchte, zwischen dem geliebten Stiefvater und der Mutter zu vermitteln. Als er sich beklagte über Elviras versengende Eifersucht, meinte sie lachend: »Ich würde dich an Mamas Stelle nicht zusammenschimpfen. Aber ich würde es dir mit der gleichen Münze heimzahlen.« Leider war Elvira die Gelassenheit ihrer Tochter ebenso unmöglich wie irgendeine Heimzahlung, denn aus der Schönheit, die um ihre Liebe kämpfte, war eine verbitterte Frau geworden, die ihren Mann bekämpfte.

Oper zum Sattsehen: Die Plakatkünstler tobten sich zu Puccinis Zeit in oft überladenen Entwürfen aus. Heute sind sie begehrte Sammlerstücke.

Untraute Dreisamkeit: Puccini liebte die Stille seines Hauses in Torre del Lago und den ruhigen Platz vor dem Wintergarten, der zugleich Esszimmer war. Wohl scheint er sich aber nicht gefühlt zu haben mit Frau Elvira und Sohn Tonio.

Als einen »reizbaren Polizisten« schmähte Puccini sie zu Recht, denn sie spionierte hinter ihm drein, öffnete die an ihn gerichteten Briefe und kontrollierte seine, bevor sie abgeschickt wurden.

Wahrscheinlich schon 1900, spätestens 1901 hatte Puccini eine Affäre mit Corinna begonnen (ihren Nachnamen wissen wir nicht), Jurastudentin oder Juradozentin an der Universität von Turin. An die drei Jahre muss das Verhältnis gedauert und ihm genügend Glücksmomente beschert haben, obwohl Puccini die Racheakte seiner betrogenen Elvira zu erdulden hatte. Sein Vertrauter, der Maler Pagni, half ihm diskret dabei, während Corinna Sommerferien im nahen Viareggio machte, intime Treffen der beiden im Wald zu organisieren, dennoch kam ihm Elvira regelmäßig auf die Schliche. Einmal fuhr sie mit ihrer Pferdekutsche dorthin, wo in aller Abgeschiedenheit Corinnas Kutsche die des Liebhabers erwartete, und schlug auf die Konkurrentin mit dem Schirm ein. Ein anderes Mal ließ sie Giacomo bei seiner Rückkehr von der Schnepfenjagd auflaufen, der sich mit schlecht gezimmerten Lügen zu verteidigen suchte. Doch Puccini gefährdete durch diese Liebschaft nicht nur den Hausfrieden, vielmehr die Grundlage seines beruflichen Erfolges: das enge, fast innige Verhältnis zu seinem Verleger Giulio Ricordi. Als Puccini nach seinem schweren Autounfall im Februar 1903, den Elvira und Tonio so gut wie unbeschadet überstanden, einfach nicht auf die Beine kam und monatelang auf Krücken gehen musste, wurde der Verleger seinem »lieben, geliebten Puccini« gegenüber deutlich. Ricordi unterstellte ihm, das habe damit zu tun, dass er sich bei Corinna eine Geschlechtskrankheit eingefangen habe. »… ist es denn möglich«, erregte sich der sonst so beherrschte Verleger, »dass ein Mann wie Puccini, der mit seinen Fähigkeiten und dem Zauber seiner Schöpfungen Millionen von Menschen zum Zittern und Weinen gebracht hat, in den Händen einer vulgären und unwürdigen Frau ein hässliches und lächerliches Spielzeug geworden ist? … Hat dieser Mann denn jedes eigene Urteil verloren? … die Fähigkeit zur Kritik? … Die sadistische Wollust hat also größere Macht über ihn als der Stolz des Menschen und Künstlers, als die inständigen, ängstlichen, beschwörenden Bitten der Freunde? Und sollte dieser Mann

wirklich den Unterschied nicht kennen zwischen Liebe und schmutziger Obszönität, die im Mann jede moralische Wahrnehmung und physische Kraft zerstört?« Er beschimpfte Corinna, wahrscheinlich ohne sie im Mindesten zu kennen, als »eine niedere Kreatur mit Hureninstinkten« und behauptete, sie sauge »wie ein Vampir Geist, Blut und Leben« aus dem Genie.

Puccini ging diese Affäre mit allen Risiken und Nebenwirkungen ein, weil sie ihn beflügelte. Und wahrscheinlich hat sie erst dann begonnen, ihn zu entkräften, als er sie gezwungenermaßen beendet hatte und die ehemalige Geliebte, enttäuscht von seinem in ihren Augen feigen Rückzug, ihn erpresste mit Briefen, die er an sie geschrieben hatte.

Aus dem Liebesgenuss wurde zweifache Qual: Corinna folterte ihn ebenso wie Elvira. »Ich merke, ich bin im Gefängnis«, klagt Puccini, »ständig bewacht und beobachtet. Verdammtes Leben …«

Dann aber ist es kaum zu verstehen, dass Puccini im Januar 1904 seine Lebensgefährtin Elvira heiratete, nachdem er durch die Affäre mit Corinna gelernt hatte, wie sehr Elvira ihn unglücklich machte. Bestimmt spielte Schuldbewusstsein eine Rolle und auch das Gefühl, ein Versprechen einlösen zu müssen. So lange hatte sie an seiner Seite in wilder Ehe gelebt, so schmerzlich war für beide die Erinnerung an die Hexenjagd der Luccheser. Und nun, aus juristischen Gründen, erst zehn Monate nachdem Gemignani gestorben war, bekam Puccini die Gelegenheit, Elviras Ehre zu retten. Doch hatte nicht sie ihn entehrt mit Beschimpfungen, Schmähungen, Bloßstellungen? Wahrscheinlich war seine innere Unsicherheit und Ängstlichkeit daran schuld, dass Puccini weder damals noch später den Absprung wagte, dass er willenlos verharrte in der Umklammerung seiner Ehe. Er hat sich offenbar bald abgefunden mit seiner Rolle als unglücklicher Liebhaber, einer opernreifen Partie, deren Tragik leider echt war. Und die sich wiederholte in unterschiedlichen Inszenierungen des Lebens.

Wie ähnlich seine Einstellung zur Musik und zur Liebe war, bezeugen Puccinis eigene Worte. Als er nach dem Misserfolg seiner zweiten Oper, »Edgar«, einen neuen

Stoff anging, entschied er sich für »Manon Lescaut«. Dass es bereits von seinem französischen Kollegen Jules Massenet vertont worden war, entmutigte ihn nicht. Der behandle das Thema typisch französisch, »mit Puder und Menuett«. Ganz anders werde er das angehen. »Ich werde es wie ein Italiener behandeln«, erklärte er, »con passione disperata« – mit verzweifelter Leidenschaft.

Verzweifelte Leidenschaft trieb ihn immer wieder aus dem Haus, weg von Elvira, in die Arme einer Frau, die ihn sein ließ, wie er war: sinnenfroh und süchtig nach dem glücklichen Augenblick. Elvira war unsinnlich, Puccini aber war wie seine Musik, von der ein Kritiker namens Giovanni Pozza nach dem Triumph der »Manon« geschrieben hatte:

»… es ist die Musik unseres Heidentums, unserer künstlerischen Sinnlichkeit; sie liebkost und durchdringt uns …«

Warum also sollte es verwundern, dass ihr Schöpfer das Gleiche tun wollte? Seine Liebschaften, die keineswegs nur erotischer Natur waren, dienten Puccini sicher auch als Mittel, seine größte Angst zu verdrängen: die Angst vor dem Tod, die den Schwermütigen mit zunehmendem Alter noch stärker bedrückte. Er begann es zu hassen, wenn in Programmheften sein Geburtstag angegeben wurde; »es erinnert mich dran, dass es in ein paar Jahren heißen wird: Und er starb …«

Geistigen Menschen um ihn her war das ein Rätsel: Wie konnte ein Künstler, der sich dauernd mit dem Tod beschäftigte, alles Metaphysische aus seinem Leben derart energisch verbannen? Aufschlussreich, dass sein großes Vorbild, Kollege Verdi, ähnlich panisch reagierte bei dem Gedanken an das Ende. Auch er war wie Puccini katholisch erzogen, aber wohl eher ein Taufscheinchrist. Dass Puccini ein Requiem für Verdi kom-

Musik der Motoren: Puccini, vernarrt in Technik, berauscht von Geschwindigkeit, gehörte zu Italiens ersten Autofahrern.

ponierte, das dessen Requiem allerdings nicht erreichte, lässt vermuten, dass sich Puccini einer Wesensähnlichkeit bewusst war. Es klang nicht erschöpft, vielmehr dankbar und geschmeichelt, wenn er, wie in einem Brief an Ricordi aus dem Jahr 1907, aufstöhnte: »Wie die Frauen mich verfolgen! Sogar einen alten Mann wie mich …« Mit einer jungen Geliebten im Arm das eigene Alter zu vergessen ist eine bewährte und beliebte, aber leider nicht dauerhaft wirksame Methode. Kein Heilmittel, nur ein Betäubungsmittel. Doch während Verdi, ebenfalls immer auf der Flucht vor den Gedanken an seine Sterblichkeit, erst spät den unermüdlichen Avancen einer sehr viel jüngeren Verehrerin nachgab und auch bei diesem einen Verhältnis bleiben sollte, brauchte Puccini das dauernde Verliebtsein wie eine Droge. Es scheint, als sei er von ihr abhängig gewesen. Offen gestand er, dass eben sie sein Lebenselixier war. »Ich bin immer verliebt wie ein Zwanzigjähriger«, hatte er einem Freund gestanden. »Und an dem Tag, an dem ich es nicht mehr sein werde, könnt ihr mich begraben.« Doch wie bei jeder Droge war auch hier der Genuss immer nur von kurzer Dauer, folgte doch auf den Glücksrausch die Ernüchterung und danach der Schmerz des Entzugs.

Das Fatale: Wenn Puccini eine Ersatzbefriedigung fand, wenn er sich den Genuss der Zärtlichkeit auf unschuldige Weise verschaffte, entriss ihm Elvira auch das. Nur eine einzige Frau entging ihren Nachstellungen: Sybil Seligman. Obwohl eben sie alles besaß, was Elviras zerstörerische Eifersucht hätte wecken müssen. Schönheit, eine ausgebildete Stimme, Charisma, Musikalität, erlesenen Stil und beste gesellschaftliche Beziehungen. Dass sie mit einem reichen Bankier verheiratet war, hätte Elvira nicht beruhigen können. Doch Sybil besaß etwas, das Elvira nicht kannte: Taktgefühl. Sie bedachte nicht, wie alle anderen Besucher, den Meister mit Geschenken, sie brachte der verbitterten Ehefrau mal einen schottischen Schal, mal einen weichen Sweater, mal einen Mistelstrauß. Und das wirkte Wunder – vielleicht hätte Giacomo mit dieser Methode auch manche Schärfe seiner Frau lindern können.

Im Frühjahr 1905 hatte Puccini Sybil kennen gelernt und sich sofort in diese Schönheit mit langem Hals und schmelzendem Lächeln verliebt. Sie spürte jedoch schnell,

dass er etwas anderes brauchte als eine neue Affäre. Und so erlebte er etwas ganz Neues: den Genuss, verstanden zu werden. Sybil, die klug genug war, jene Beziehung platonisch zu belassen, wurde seine Beichtmutter. »Ich mache den Fehler, dass ich zu empfindlich bin, und ich leide auch, wenn die Leute mich nicht richtig oder falsch verstehen. Nicht einmal meine Freunde wissen, was ich für ein Mensch bin – es ist eine Strafe, die mir von Geburt auferlegt wurde. Ich glaube, Sie sind der Mensch, der dem Verständnis meiner Natur am nächsten gekommen ist … aber Sie sind weit weg.«

Er bittet sie um Medizin gegen seine Verstimmungen und Depressionen – »so eine Medizin muss es in London doch geben« –, und was immer sie schickt, hilft.

Doch eines kann die ferne Freundin ihm nicht postalisch zustellen: das Gefühl der Nähe. Anders gesagt, jene Fürsorglichkeit und Herzlichkeit, die empfindsame Menschen wie Puccini wärmen. Das braucht er, denn frösteln lässt ihn nicht nur Elviras kalte Herrschsucht, sondern auch die Angst vor der nächsten Niederlage, vor dem Neid, vor der Bösartigkeit mancher Kritiker, gegen die ein Künstler sein Leben lang nicht gefeit ist. Und Puccini sucht die Nähe ausnahmsweise in aller Unschuld dort, wo sie sich ihm bietet: bei Doria Manfredi,

Frau seiner Sehnsucht: Sybil Seligman, die schöne, belesene, feinsinnige und musikalische Gattin eines jüdischen Bankiers in London, blieb für Puccini sexuell unerreichbar. Und damit die Einzige, der er ein Leben lang treu war.

einem Mädchen aus dem Dorf. 1903, nach dem Autounfall, der Giacomo so lange zu schaffen machte, war die Sechzehnjährige ins Haus geholt worden, um ihn zu pflegen. Und in der Villa Puccini eingestellt zu werden war, das wusste in Torre del Lago jeder, eine zweischneidige Angelegenheit: einerseits gut bezahlte Ehre, andererseits kaum kaschierte Folter. Denn Elvira ließ ihre Frustrationen offensichtlich am Personal aus, das deswegen immer nur verdächtig kurz blieb. Die Zuwendung von Doria, unschuldig und geduldig, war Puccini ein Genuss. Nicht mit Worten, sondern mit nimmermüder Aufmerksamkeit zeigte sie dem Hausherrn, dass sie seine Nöte verstand. Er genoss ihre Anwesenheit. Solange sie bloß ein kleines Dienstmädchen zu sein schien, schüchtern, unauffällig und imstande, die düsteren Stimmungen des Meisters, aufzuhellen, galt ihr auch Elviras Wohlwollen. Doch schlagartig, als wolle die Natur ihre göttliche Macht beweisen, wurde aus Doria Manfredi eine Schönheit. Und damit eine Gefahr für Elvira – in Elviras Augen. Sie wähnte sich sicher, nun erst mal eine Geliebte ihres Mannes in ihrer Macht zu haben, und quälte Doria mit unberechtigter Kritik, mit Vorhaltungen, mit Beschuldigungen. Die, in ihrer Unschuld, wusste nicht, wie ihr geschah. Die Atmosphäre im Haus wurde vergällt durch Elviras Gift. Nur seine Feigheit und Passivität hinderten Puccini daran, Reißaus zu nehmen. »Es gibt Tage, da möchte ich mein Heim am liebsten verlassen«, jammerte er Sybil Seligman vor, »aber ich finde nie Gelegenheit dazu, weil mir die Kraft fehlt.« Dann ging Elvira zu weit: Sie bezeichnete Doria als Hure, weil sie die Dauergeliebte ihres Mannes sei, und erklärte, sie werde diese Schlampe irgendwann im Massaciuccoli-See ertränken. Puccini floh zuerst nach Paris, und dann, zurück in Torre, griff er zu Tabletten:

»Ich schlafe nur noch mit Hilfe von Veronal und mein Gesicht ist fleckig wie eine Winchesterbüchse«.

Ein Rätsel bereits das: Warum kam er zurück? Wohl wissend, dass hier alles beim Alten war?

Doria war nun aus dem Haus, nicht aber Elviras Hass auf die vermeintliche Nebenbuhlerin – wobei das der falsche Begriff ist, denn Elvira buhlte längst nicht mehr um ihren Mann. Sie kämpfte nur noch um seine Kapitulation und die Vernichtung Dorias. Und nun griff sie zu jener Waffe, die keine blutenden Wunden hinterlässt, aber einen grausameren Tod bringen kann als jedes scharfe Messer: Sie verbreitete Gerüchte. In

Torre, klein und eng, kreisten sie schnell und schnürten sich zusammen um Doria. Puccini wollte den Kreis zerschlagen. Er schrieb an Doria, was sie angehe, sei sein Gewissen rein, und erklärte öffentlich, dass er sie mochte, weil sie sich immer zu ihm so gut verhalten habe. Und an Dorias Mutter schrieb er: »Von allen Gerüchten ist kein einziges wahr. Bösartige Leute, die den Kopf meiner Frau verwirrt haben, haben sie in die Welt gesetzt. Ich habe Ihre Tochter immer als Familienmitglied betrachtet.«

Doria verfiel sichtbar. Doch Elvira ließ das Opfer nicht aus den Krallen. Im Januar 1904 näherte sie sich ihrem Ziel. Puccini hatte es aufgegeben, Elviras Rachsucht zu bremsen, er war es müde, von den nächsten Intrigen seiner Frau zu berichten.

»Es genügt, wenn ich Ihnen sage, dass ich nicht länger leben will«,

schrieb er an Sybil, »mein Leben ist ein Martyrium.« Das von Doria war es auch: Am 23. Januar vergiftete sie sich mit einer hohen Dosis Sublimat, fünf Tage später war sie tot. Die Autopsie bewies: Doria war Jungfrau. Am 1. Februar wurde das Gerichtsverfahren gegen Elvira Puccini, geborene Bonturi, eröffnet. Die Anklage: Sie habe ein unschuldiges Mädchen durch gezielte Verleumdung und Ehrabschneidung in den Suizid getrieben.

Der Skandal verbreitete sich noch schneller als zuvor die Gerüchte, er wurde zum Tagesgespräch der Luccheser, Toskaner, der Italiener und bald aller, die Puccini kannten, von Wien bis Buenos Aires. Und er erklomm seinen Höhepunkt, als das Urteil gesprochen wurde über Elvira Puccini: fünf Monate und fünf Tage Gefängnis, siebenhundert Lire Geldstrafe und die Übernahme sämtlicher Gerichtskosten. Die Anwälte Puccinis verhandelten, redeten mit der Familie Dorias, zahlten eine satte Summe und erreichten so, dass die Anklage zurückgenommen wurde. Das alles geschah ohne Wissen der Angeklagten, denn die hatte verkündet, keinen Centesimo an die Familie der Hure zahlen zu wollen. Puccini, zuvor fest entschlossen, sich endgültig von Elvira zu trennen, zumal sie in ihren Briefen nicht aufhörte, jede Schuld weit von sich zu weisen und ihren Mann seelischer Rohheit und Gefühlsarmut zu bezichtigen, traf sich mit ihr und Tonio in Bagni di Lucca. Und machte wieder einen Rückzieher: »Nun sind wir wieder beisammen und es scheint, als sei das Leben nicht mehr so unerträglich. Es kommt mir vor, als habe Elvira sich verändert …«

Puccinis Kleinmütigkeit scheint nicht zu passen zu jener Sehnsucht nach dem großen Gefühl. Und doch erwachsen beide aus demselben Grund: seiner übermächtigen Angst vor der Einsamkeit, jenem irdischen Vorboten des Todes. Doch eine reinigende Wirkung hat diese Katastrophe nicht gezeitigt, weder bei Elvira noch bei Giacomo. Sie hörte nicht auf, ihn mit Vorwürfen zu überhäufen, und schaffte es nicht, ihre Schuld einzugestehen, geschweige denn, zu bereuen, was sie angerichtet hatte. Er dachte nicht daran, in Zukunft auf alles zu verzichten, was Elviras mörderische Eifersucht herausfordern könnte. Mit dem Egoismus eines Künstlers, der sich ohne schlechtes Gewissen jene Nahrung beschafft, die sein Genie benötigt, begann er eine neue Liebesaffäre. Begegnet war er der siebzehn Jahre jüngeren Frau am Strand von Viareggio: Baronin Josephine von Stängel, eine Deutsche aus München, fünfunddreißig Jahre alt, Mutter von zwei kleinen Mädchen, von ihrem Mann getrennt, aber nicht geschieden. Puccini genoss bei ihr, was Elvira ihm versagte; Bewunderung und Verständnis für seine Arbeit. Und er genoss es so, dass er sich noch einmal der Illusion anheim gab, für sein Liebesglück den Bruch mit Elvira zu wagen. Die Briefe, die beide wechselten, klingen nach reiner Zärtlichkeit, aber in denen von Josephine ist ein Unterton unüberhörbar: Sie ahnte, dass der Mann, der ihr ewige Treue schwor, mit Schwüren dieser Art

Verschlossener Dandy: Den Kragen hochgeschlagen, den Mantel zugeknöpft, die Miene reglos – der warmherzige Puccini wirkte auf manche Menschen arrogant.

großzügig war. Doch sie wusste nicht, wie berechtigt ihre Ahnungen waren. »Ich küsse Deinen schönen Mund«, schrieb Puccini, ein paar Monate nachdem er Josephine erobert hatte, aber das schrieb er nicht an sie, sondern an Bianca (eigentlich Blanka) Lendvai, die jüngere Schwester eines ungarischen Freundes.

Selbst diejenigen, die Puccinis unersättlichen Liebeshunger entschuldigen oder wenigstens erklären wollen mit der Sehnsucht nach der echten, wahren großen Liebe, stehen hier vor einem Rätsel: Warum betrügt er die Geliebte mit einer anderen? Warum belügt er sich selbst, denn mit Josephine behauptet er, endlich glücklich zu sein und Lust auf morgen zu verspüren?

Es war wohl die Furcht vor der Bindung, die ihm Sinnbild der irdischen Ausweglosigkeit zu sein schien: ein gradliniger Weg ohne Fluchtmöglichkeiten. Seit er fünfzig war, haderte Puccini mit seinem Verfall; sich zeitweise das graue Haar schwarz zu färben war noch die harmloseste Methode, dagegen anzugehen. Puccini dachte ernsthaft darüber nach, sich einer damals propagierten bizarren Verjüngungsoperation zu unterziehen, bei der müden Männern die Geschlechtsdrüsen von Affen implantiert wurden. Das sollte ihrem Körper primatenhaften Trieb und atavistische Energien verleihen. Er beließ es dann zwar bei jenen Verjüngungskuren, die der Liebesakt mit jüngeren Frauen bescherte, doch Puccinis Panik vor dem Alter wich keiner Reife oder Abgeklärtheit. Er brauchte die Illusion, ein vitaler Liebhaber zu sein und ein neues Leben vor sich zu haben: 1915, vier Jahre nach Beginn der Liebesbeziehung mit Giacomo, bemühte sich Josephine, ihre Scheidung zu erreichen, um frei zu sein für ihre gemeinsame Zukunft mit dem angebeteten Komponisten, frei für den Umzug nach Italien, für den Einzug in eine Villa, wie sie es mit Puccini in Viareggio geplant hat. Doch ihre Entschiedenheit schreckte Puccini, konnte er doch nicht übersehen, dass eine Ehe mit Josephine ihn angesichts ihrer Jugend täglich mit seinem Alter konfrontieren würde. Mag sein, dass auch Elviras düstere Drohungen in der Zeit der schwersten Krise sich festgesetzt hatten in seinem Herzen. »… wenn es stimmt, dass man für alles auf der Welt bezahlen muss, dann wirst auch Du bezahlen müssen. Du bist nicht mehr zwanzig

Jahre alt, und Deine Gesundheit ist nicht mehr die beste, und bald wird der Tag kommen, wo Dir die Einsamkeit zur Last wird und Du die Fürsorge und Liebe eines zärtlichen Menschen brauchst, aber dann ist es zu spät, und Du wirst am Ende Deiner Tage allein und vor allem verlassen sein ... nicht einmal dein Sohn wird Dir vergeben können, wenn er sich an die Leiden erinnert, die Du seiner Mutter zugefügt hast ...«

Der ewige Don Juan glaubt tief innen nicht an die Möglichkeit der Treue und daher auch nicht an die Frauen, die sie ihm versprechen. Er flieht oder betrügt sie, bevor sie ihn fliehen oder betrügen können. Die *aria d'amore* in Puccinis eigenem Leben ist keine Arie vom Liebesglück, sie besingt nur den Traum davon. Hat er die unerfüllte Sehnsucht gesucht, sogar gebraucht? Wollte er nie dort ankommen, am Ziel der Wünsche? War dieses Gefühl größer, auch inspirierender als alle anderen Gefühle? Von seiner *passione disperata*, seiner verzweifelten Leidenschaft, hatte Puccini geredet. Nicht so, wie man von etwas redet, was einen belastet. Vielmehr war sie für ihn der Antrieb seines Schaffens. Und auch wenn es uns schwer nachvollziehbar scheint; es kann sein, dass Puccini es genossen hat, in ihr zu versinken, als wäre es eine Oper von ihm.

Folgende Doppelseite:
Bar jeden Neuerungswahns: Bereits Puccini hat wohl schon an dieser Marmortheke in der ›Osteria Vecchio Mulino‹ gestanden; allein das Ambiente ist die Fahrt in das abgelegene Dorf Castelnuovo di Garfagnana wert, die Küche erst recht.

Zuppe & Verdure
Suppen und Gemüsegerichte

Minestra di ceci e castagne

Suppe von Kichererbsen und Maroni

Zutaten

- 450 g frische Maroni oder etwa 350 g bereits geschälte im Glas
- 200 g getrocknete Kichererbsen, verlesen (die dunklen wegwerfen) und über Nacht mit etwas Natron eingeweicht
- 3 Stangen Staudensellerie, abgezogen und in große Stücke geschnitten
- 6 Lorbeerblätter
- 8 EL Olivenöl
- 4 Knoblauchzehen, geschält und fein gehackt oder besser zerrieben
- Salz
- Pfeffer aus der Mühle
- 4 Scheiben Weißbrot

Zubereitung

Den Backofen auf 200 °C vorheizen.

Die Schale der Maroni leicht kreuzweise anritzen. Die Maroni auf ein Backblech setzen und 40 Minuten lang im vorgeheizten Ofen backen. Abkühlen lassen. Zuerst die harte äußere Schale entfernen, dann die dünne innere Haut abziehen. (Wer vorbereitete Maroni im Glas verwendet, spart sich diese Prozedur, verzichtet aber auf etwas Wohlgeschmack.)

Die eingeweichten Kichererbsen abgießen und in einen Topf mit 2,5 Liter frischem Wasser geben. Sellerie, Lorbeerblätter und 3 Esslöffel Olivenöl hinzufügen und alles bei starker Hitze zum Kochen bringen. 10 Minuten kräftig durchkochen, dann zurückschalten. Bei mittlerer Hitze 40 Minuten köcheln lassen, bis die Flüssigkeit verkocht ist und die Kichererbsen weich sind. Vom Herd nehmen.

Das restliche Olivenöl in einer großen Pfanne erhitzen und darin die Maroni und den Knoblauch goldbraun anrösten. Aus dem Kichererbsentopf den Sellerie und die Lorbeerblätter entfernen und den Pfanneninhalt in den Topf schütten. Salzen und pfeffern. Die Weißbrotscheiben rösten oder toasten. Eine Suppenterrine damit auslegen, die Suppe darauf gießen und vor dem Servieren 3 Minuten ziehen lassen.

Minestra di riso e fagioli
Bohnensuppe mit Reis

Zutaten

- 350 g getrocknete weiße Bohnen (Cannellini), über Nacht in reichlich Wasser eingeweicht
- 5 EL Olivenöl
- 100 g Schweinespeck, fein gewürfelt
- 2 Zwiebeln, geschält und gehackt
- 3 Knoblauchzehen
- 2 Stangen Sellerie, gewürfelt
- Blätter von 1 Bund Petersilie, gehackt
- 1 TL abgerebelter frischer Thymian
- 1 EL gehackte Rosmarinblätter
- $1/2$ TL Chilipulver
- 300 g reife Tomaten, überbrüht, enthäutet und grob gewürfelt
- Salz
- Pfeffer
- 200 g Rundkornreis
- 1 großes Stück Parmesanrinde mit etwas Parmesan daran
- Olivenöl extra vergine zum Beträufeln

Zubereitung

Die Bohnen abgießen, abspülen und in einem Topf mit frischem kaltem Wasser aufsetzen, das eine halbe Handbreit über die Bohnen reichen muss. In etwa 1,5–2 Stunden bei geringer Hitze garen, bis die Bohnen weich sind, aber noch Biss haben.

Inzwischen das Öl in einem großen Topf erhitzen und den Speck, die Zwiebeln darin anbraten, bis die Zwiebeln goldbraun wird. Knoblauch, Sellerie, Petersilie, Thymian, Rosmarin und das Chilipulver zugeben. Umrühren und braten, bis der Knoblauch Farbe annimmt. Die Tomaten zufügen, salzen, pfeffern und das Ganze – zugedeckt – bei mittlerer Hitze etwa 40 Minuten kochen lassen, wenn nötig etwas Wasser zugeben.

Nun die gekochten Bohnen samt Kochwasser in die Tomatenmischung schütten, den Reis zugeben, die Parmesanrinde obenauf legen und alles bei geringer Hitze etwa 20 Minuten köcheln lassen, bis die Suppe schön sämig ist.

Die Parmesanrinde entfernen und die Suppe in eine vorgewärmte Terrine gießen, mit Olivenöl beträufeln und sofort servieren.

Zuppa di magro (Ribollita)
Fastensuppe (»Wiederaufgekochte«)

Zutaten

- 300 g braune Bohnen (Borlotti-Bohnen oder Giallorini) oder weiße Bohnen (Cannellini-Bohnen)
- einige Salbeizweige
- ¼ l Olivenöl
- 1 Stange Lauch
- 1 Zwiebel
- 2 Stangen Staudensellerie
- 2 Knoblauchzehen
- Blätter von 1 Bund glatter Petersilie, fein gehackt
- 1 EL fein gehackte Rosmarinblättchen
- 250 g Schwarzkohl (ersatzweise Wirsing oder Grünkohl)
- Blätter von 1 Mangoldstaude, entstielt und grob gehackt
- 1 Bund junge Möhren, grob zerhackt
- 2 große mehlig kochende Kartoffeln, geschält und in große Würfel geschnitten
- Salz, Pfeffer aus der Mühle
- 3 Tomaten, überbrüht, enthäutet und zerdrückt
- 400 g festes Hausbrot, entrindet und in Scheiben geschnitten

Zubereitung

Die über Nacht eingeweichten Bohnen abgießen und in einen Topf mit 2 Liter frischem kaltem Wasser geben. Die Salbeizweige zugeben und zugedeckt so lange bei geringer Hitze kochen, bis die Bohnen weich sind, aber noch Biss haben.

Inzwischen das Öl in einem großen Topf erhitzen, darin den in feine Ringe geschnittenen Lauch und die fein gehackten Zwiebeln, Sellerie und Knoblauch anbraten. Wenn sich die Zwiebeln bräunlich färben, Petersilie, Rosmarin und den grob geschnittenen Kohl zugeben. Dann den Mangold, die Möhren und Kartoffeln hinzufügen. Pfeffern, salzen und die Tomaten zugeben. Das Ganze schmoren, bis die Gemüse weich sind, dabei die Gemüsemischung immer wieder mit Bohnen-Kochwasser benetzen.

Sind die Bohnen gar, die Salbeizweige entfernen. Ein Drittel der Bohnen zu den Gemüsen geben, den Rest im Kochwasser pürieren, in die Suppe geben und alles gut vermischen.

Eine Suppenterrine mit den Brotscheiben auslegen, die Suppe darüber gießen, zudecken und mindestens 15 Minuten ziehen lassen. Die Suppe kann kalt oder warm gegessen werden. Nach Belieben geröstete Brotscheiben dazu reichen.

Der Schwarzkohl (*cavolo nero*), der traditionell in diese Suppe gehört, ist eine Kohlsorte, die es in der Toskana überall, bei uns aber nur selten gibt. Er kommt nach dem ersten Frost, am Winteranfang, auf die Märkte, also zeitgleich mit dem ersten frisch gepressten Olivenöl. Hierzulande kann der Schwarzkohl am besten durch Wirsing ersetzt werden oder auch durch Grünkohl.

Acqua cotta maremmana

»Gekochtes Wasser« der Maremma

Zutaten

300 g Klippfisch
5 EL Olivenöl
150 g durchwachsener Bauchspeck, fein gehackt
2 Zwiebeln, geschält und gehackt
4 Knoblauchzehen, enthäutet und fein gehackt
300 g Tomaten, grob zerkleinert
500 g gemischte Kräuter (Thymian, Majoran, Basilikum, Petersilie, Minze, Estragon), grob gehackt
200 g Mangoldblätter, entstielt und grob gehackt
1/8 l Rotwein
Salz, Pfeffer aus der Mühle
3 große mehlig kochende Kartoffeln, geschält und grob gewürfelt
300 g altbackenes Brot, in dünne Scheibe geschnitten
3 Knoblauchzehen, geschält und zerrieben
Olivenöl extra vergine zum Beträufeln

Zubereitung

Den Klippfisch 24 Stunden wässern, dabei immer wieder das Wasser wechseln.
Das Olivenöl in einem großen Topf erhitzen, den Bauchspeck und die Zwiebeln darin anschwitzen, bis die Zwiebeln golden sind. Dann den Knoblauch zufügen und ebenfalls anrösten, bis er Farbe hat. Die Tomaten zugeben, umrühren und – zugedeckt – ein paar Minuten dünsten. Nun die Kräuter und den Mangold darunter mischen. 1 Liter Wasser und den Rotwein zugießen und vorsichtig (wenn überhaupt) salzen und pfeffern. Das Ganze – zugedeckt – bei geringer Hitze 10 Minuten köcheln lassen.
Inzwischen den Klippfisch abspülen und in größere Stücke zerteilen. Den Fisch und die Kartoffelwürfel in den Suppentopf geben und das Ganze bei geringer Hitze mit geschlossenem Deckel 1 Stunde garen; die Suppe soll nur köcheln, nicht kochen.
Die Brotscheiben mit dem Knoblauch bestreichen und in eine Suppenterrine legen. Die Suppe darüber gießen und mit bestem Olivenöl beträufeln.

Der Klippfisch, italienisch *baccalà*, ist der bäuchlings halbierte, von Kopf und Gräten befreite, am Rücken zusammenhängende Kabeljau, Schellfisch, Seelachs oder Leng, der – im Gegensatz zum Stockfisch, italienisch *stoccafisso* – stark eingesalzen wird. Früher trocknete man ihn auf Klippen, daher der Name. Trocken, wie man ihn kauft, ist er bretthart, lange haltbar und streng im Geruch. Doch eingeweicht und richtig zubereitet verwandelt er sich in eine Delikatesse.

Gran farro della Garfagnana

Dinkelsuppe aus der Garfagnana

Zutaten

- 150 g Dinkel, eingeweicht und gekocht, wie im Rezept auf Seite 50 beschrieben
- 500 g frische Bohnenkerne
- 4 EL Olivenöl extra vergine
- 1 kleine Zwiebel, geschält und gehackt
- 1 kleine Stange Staudensellerie, abgezogen und gehackt
- 100 g Schinkenschwarte, gehackt
- 2 Knoblauchzehen, geschält und fein gehackt
- Salz, Pfeffer aus der Mühle
- 300 g reife Tomaten, überbrüht, enthäutet und gewürfelt
- 4 Salbeiblätter
- 1 TL abgerebelte Blättchen vom Majoran
- Olivenöl extra vergine
- Salbei zu Garnieren

Zubereitung

Die Bohnen weich kochen. Abgießen, dabei das Kochwasser auffangen. Die Bohnen pürieren oder besser durch ein Sieb streichen.

Das Olivenöl in einem Topf erhitzen und die Zwiebeln, den Sellerie, die Schinkenschwarte und den Knoblauch darin anbraten, salzen und pfeffern. Tomaten, Salbei und Majoran zugeben und das Ganze 15 Minuten garen, dann pürieren oder durch ein Sieb drücken. Dieses Gemüsepüree und die passierten Bohnen mit 2 Schöpflöffeln Bohnen-Kochwasser mischen. Den gekochten Dinkel hinzufügen und heiß werden lassen. Etwas Olivenöl extra vergine darüber gießen und, mit frischem Salbei garniert, sehr heiß servieren. Dazu geröstetes Brot reichen.

Diese Suppe ist eine Variante der klassischen Dinkelsuppe (siehe Rezept auf Seite 90). Sie gehört zur regionalen Küche der Garfagnana und des Serchiotals.

Minestrone alla Milanese

Minestrone Mailänder Art – Puccinis Studentenfutter

Zutaten

- 200 g getrocknete weiße Bohnen, mit 2–3 Salbeiblättern über Nacht in gesalzenem Wasser eingeweicht
- 10 EL Olivenöl extra vergine
- 2 Zwiebeln, geschält und gehackt
- 5 Möhren, geschält, in feinen Scheiben
- 3 Stangen Staudensellerie, in feinen Scheibchen
- 2 Knoblauchzehen, geschält und fein gehackt
- 4 Blätter Mangold, grob gehackt
- 4 Zucchini, gewürfelt
- 3 große Kartoffeln, geschält und gewürfelt
- 2–3 Tomaten, überbrüht, enthäutet, entkernt und gewürfelt
- einige Blätter Kohl oder Wirsing, grob gehackt
- 1 1/2 l Fleisch-, Geflügel- oder Gemüsebrühe
- 200 g kurze Hartweizennudeln
- Blätter von 1 Bund Petersilie, gehackt
- 8 Blätter Basilikum
- 100 g Parmesan, frisch gerieben
- Öl, Salz, Pfeffer aus der Mühle

Zubereitung

Die eingeweichten Bohnen abgießen und in frischem Wasser in etwa 45 Minuten weich kochen. Das Olivenöl in einem großen Topf erhitzen und die Zwiebeln, die Möhren, den Sellerie und den Knoblauch darin andünsten, bis die Zwiebeln glasig sind. Mangold, Zucchini, Kartoffeln, Kohl, Tomaten garen und die abgegossenen Bohnen hinzufügen. Bei schwacher Hitze dünsten, ohne Flüssigkeit zuzugeben, dabei immer wieder umrühren. Fehlt Flüssigkeit, schluckweise die Brühe angießen. Sind die Kartoffeln gar, diese herausnehmen, zerdrücken und wieder zum Andicken der Suppe in den Topf geben. Nun die restliche Brühe zugießen und das Ganze zum Kochen bringen. Die Nudeln zugeben und in etwa 10 Minuten al dente garen. Mit Petersilie und Basilikum, etwas Olivenöl und Parmesan anreichern. Salzen, pfeffern und sofort servieren.

Millecosedde

Suppe aus Hülsenfrüchten

Zutaten

- 7 EL Olivenöl
- 1 große Möhre, geschält und gehackt
- 1 große Zwiebel, geschält und gehackt
- 2 l hausgemachte Gemüsebrühe
- 1/4 Kohlkopf, blanchiert und grob gehackt
- 200 g Farfalle (Schmetterlinge) oder andere kurze Nudeln
- 200 g Borlotti-Bohnen, eingeweicht und gekocht wie im Rezept »Insalata di fagioli«, Seite 48, beschrieben
- 200 g Cannellini-Bohnen oder andere weiße Bohnen, eingeweicht und gekocht, wie im Rezept »Insalata di fagioli«, Seite 48, beschrieben
- 100 g gekochte grüne Linsen, nach Anweisung auf der Packung gegart
- 250 g fein geschnittene Pilze (z. B. Egerlinge)
- Salz
- Pfeffer
- 200 g Pecorino, frisch gerieben
- Blätter von 1 Bund glatter Petersilie, fein gehackt

Zubereitung

6 Esslöffel Olivenöl in einem großen, schweren Kochtopf erhitzen und Möhren, Zwiebeln sowie Knoblauch 5 Minuten darin anbraten. Die Gemüsebrühe aufgießen und zum Kochen bringen. Kohl und Nudeln hinzufügen und al dente garen.

Die abgegossenen Bohnen und Linsen in den Topf geben und kurz durchziehen lassen. Inzwischen die Pilze in dem restlichen Olivenöl anbraten und in die Suppe geben. Vom Herd nehmen, salzen, pfeffern und den Pecorino unterheben.

Mit Petersilie bestreuen und sofort servieren.

Passato di peperoni gialli
Passierte Suppe aus gelben Peperoni

Zutaten

6 EL Olivenöl
1 große Zwiebel, geschält und fein gewiegt
2 kleinere Möhren, geschält oder geschabt und fein gewiegt
1 kleinere Stange Staudensellerie, abgezogen und fein gewiegt
3–4 rundum gelbe reife Peperoni, entkernt und in Stücke geschnitten
2 große Kartoffeln, geschält und gewürfelt
3 Lorbeerblätter
1 Prise gemahlener Peperoncino
Fleischbrühe oder Wasser
Salz
4–5 EL süße Sahne

Zubereitung

Das Olivenöl in einem großen Topf erhitzen. Zwiebeln, Möhren und Sellerie zugeben und 10 Minuten braten, bis die Zwiebeln goldbraun sind. Peperoni, Kartoffeln, Lorbeerblätter und Peperoncino zugeben. So viel Fleischbrühe oder Wasser angießen, dass alles gut bedeckt ist. Zum Kochen bringen und das Ganze bei geringer Hitze etwa 25 Minuten lang köcheln lassen. Mit Salz abschmecken.

Die Lorbeerblätter entfernen und die Suppe mit dem Pürierstab pürieren oder durch ein Sieb passieren. Zum Schluss die Sahne unterrühren. Bis zum Servieren warm stellen. Die Suppe darf aber nicht mehr kochen, weil sie sonst ihre schöne Farbe verliert.

Garmugia
Frühlingsgemüsesuppe

Zutaten

- 4 EL Olivenöl extra vergine
- 100 g Pancetta (Bauchspeck) in Scheiben, in feine Streifen geschnitten
- 1 Bund Frühlingszwiebeln, in feine Ringe geschnitten
- 150 g Rinderhackfleisch oder klein geschnittenes Kalbfleisch
- 150 g frische Erbsen
- 150 g junge zarte Bohnenkerne
- 150 g Spitzen vom grünen Spargel, in mundgerechte Länge geschnitten
- 150 g junge zarte Artischocken, in kleine Stücke geschnitten
- 1 l frisch gekochte Fleischbrühe
- Salz
- Pfeffer aus der Mühle

Zubereitung

Das Olivenöl in einem großen Topf erhitzen und den Speck darin anbraten. Die Frühlingszwiebeln hinzufügen und anschwitzen. Das Hackfleisch oder Kalbfleisch zugeben und 10 Minuten unter Rühren braten. Nacheinander die Erbsen, Bohnen, Spargel und Artischocken zugeben und alles einige Minuten schmoren.

Die Fleischbrühe zugießen und das Ganze so lange bei geringer Hitze köcheln lassen, bis die Gemüse gar sind. Mit Salz und Pfeffer abschmecken.

Alle fünf Musikergenerationen im Hause Puccini kannten diese Suppe – das Rezept ist bereits im 17. Jahrhundert belegt. Nachdem sie als Diätgericht für Rekonvaleszenten gilt, die an den Folgen von zu üppigen Mahlzeiten verdauen, hat Puccini sie sicher des Öfteren verspeist.

Gran farro
Dinkelsuppe

Zutaten

- 300 g Dinkel, über Nacht in reichlich Wasser eingeweicht
- 4 EL Olivenöl
- 2 mittelgroße Zwiebeln, geschält und fein gehackt
- 2 Knoblauchzehen, geschält und fein gehackt
- 2 Möhren, geschabt und gewürfelt
- 2 Stangen Staudensellerie, abgezogen und gewürfelt
- ¼ l trockener Weißwein
- 3 Lorbeerblätter
- 600 g reife Tomaten, überbrüht, enthäutet, entkernt und gewürfelt
- Salz
- 3 Zweige Rosmarin
- Pfeffer aus der Mühle
- 4 Scheiben toskanisches Bauernbrot
- Olivenöl extra vergine

Zubereitung

Den Dinkel abgießen und gut abspülen. Das Öl in einem großen Topf erhitzen und die Zwiebeln darin goldgelb werden lassen, ebenso danach den Knoblauch. Möhren und Sellerie zugeben und ein paar Minuten schmoren.

Dinkel, 1,5 Liter Wasser, Wein, Lorbeerblätter und Tomaten hineingeben, salzen und bei geringer Hitze etwa 30 Minuten köcheln lassen. Die Rosmarinzweige einlegen und weitere 15 Minuten köcheln lassen, bis der Dinkel weich, aber nicht verkocht ist. Pfeffern, wenn nötig nachsalzen. Das Brot rösten, mit Olivenöl bestreichen und zur Suppe servieren.

Minestra di patate

Kartoffelsuppe

Zutaten

- 4 EL Olivenöl
- 100 g luftgetrockneter Speck, möglichst Rückenspeck
- 3 Zwiebeln, geschält und fein gehackt
- 4 Möhren, geschabt (oder mit dem Kartoffelschäler geschält), fein gewürfelt
- 2 Stangen Staudensellerie, abgezogen und in feine Scheiben geschnitten
- 2 EL fein gehackte Petersilie
- 1 kg mehlig kochende Kartoffeln, geschält und in Scheiben geschnitten
- Salz, Pfeffer aus der Mühle
- Muskatnuss
- 150–200 g Pecorino, frisch gerieben (ersatzweise Grana padano)
- Olivenöl extra vergine zum Beträufeln

Zubereitung

Das Öl in einem großen Topf erhitzen. Den Speck und die Zwiebeln darin andünsten, bis die Zwiebeln golden sind. Möhren, Sellerie und Petersilie zugeben und alles etwa 5 Minuten dünsten. Die Kartoffeln unterrühren und 2 Liter Wasser zugießen. Mit Salz, Pfeffer und Muskat würzen und die Suppe bei geringer Hitze etwa 1 Stunde köcheln lassen, bis die Kartoffeln vollkommen zerfallen sind.

Die Suppe in eine vorgewärmte Terrine geben, mit Pecorino bestreuen und mit etwas feinem Olivenöl beträufeln.

Pasta e ceci

Kichererbsensuppe mit Nudeln

Zutaten

250 g getrocknete Kichererbsen, ausgelesen (die dunklen wegwerfen) und über Nacht eingeweicht mit 1 TL Natron (damit sie außen nicht hart bleiben)
Salz
4 EL Olivenöl
2 Knoblauchzehen, geschält und fein gehackt
3 Tomaten, überbrüht, enthäutet und gewürfelt
Blättchen von 3 Zweigen Rosmarin, fein gehackt
heiße Geflügel- oder Gemüsebrühe
300 g dicke, kurze Nudeln
Olivenöl extra vergine zum Beträufeln
Pfeffer aus der Mühle
Kräuterzweige zum Garnieren

Zubereitung

Die eingeweichten Kichererbsen abgießen und gut abspülen. In einem sehr großen Topf 2 Liter Wasser zum Kochen bringen, die Kichererbsen hineingeben, salzen und etwa 1,5 Stunden leise köcheln lassen, bis sie weich sind.

Die fertig gegarten Kichererbsen über einer Schüssel abgießen und das Kochwasser aufbewahren. Die eine Hälfte der Kichererbsen pürieren.

Den Topf erneut aufsetzen, das Olivenöl darin heiß werden lassen. Den Knoblauch hinzufügen und anbräunen. Tomaten und Rosmarin zugeben. Nun die pürierten und die ganzen Kichererbsen dazugeben, das Kochwasser zugießen, gut umrühren und nachsalzen. Die Suppe mit etwas Brühe verdünnen und bei geringer Hitze warm halten.

In einem anderen Topf die Nudeln al dente kochen und in die Suppe geben.

Die Suppe auf Teller verteilen und mit dem feinen Olivenöl großzügig beträufeln. Etwas Pfeffer darüber mahlen und mit Kräuterzweigen garniert sofort servieren.

Zuppa con le acciughe
Suppe mit Sardellen

Zutaten

500 g frische Sardellen (vom Fischhändler ausnehmen und entgräten lassen)
6–8 EL Olivenöl
2 Zwiebeln, geschält und gehackt
3 Knoblauchzehen, geschält und fein gehackt
2 Möhren, geschabt und fein gewürfelt
2 Stangen Staudensellerie, abgezogen und fein gewürfelt
Blätter von 1 Bund Petersilie, fein gehackt
600 g reife Tomaten, überbrüht, enthäutet und grob gewürfelt
Salz, Pfeffer aus der Mühle
4 Lorbeerblätter
¼ l Weißwein
4 Scheiben Landbrot
2 Knoblauchzehen, geschält und fein zerrieben

Zubereitung

Von den Sardellen Kopf und Schwanz abschneiden und die Fische gründlich waschen. Das Olivenöl in einem großen Topf erhitzen, die Zwiebeln darin goldgelb braten. Den Knoblauch zugeben und Farbe annehmen lassen. Möhren, Sellerie, und Petersilie hinzufügen, umrühren und etwa 10 Minuten schmoren.

Die Tomaten zugeben und das Ganze salzen und pfeffern. Die Lorbeerblätter hineinlegen und alles 15 bis 20 Minuten schmoren. 1 Liter Wasser und den Wein zugießen, die Sardellen zugeben und bei geringer Hitze 10 bis 15 Minuten ziehen lassen. Inzwischen die Brotscheiben rösten und dünn mit Knoblauch bestreichen. Die Suppe auf Tellern anrichten und mit dem Brot heiß servieren.

Ginestrata
Ginstersuppe

Zutaten

6 frische Eidotter
¾ l magere selbst gekochte Hühnerbrühe
100 ml Vin Santo
1,5 TL Zimt
75 g Butter
Salz, Pfeffer aus der Mühle
Muskatnuss
Puderzucker

Zubereitung

Eigelbe, kalte Hühnerbrühe, Vin Santo und Zimt in einer Schüssel gut miteinander verrühren und durch ein Sieb in einen Topf gießen. Die Butter zufügen, salzen, pfeffern und unter dauerndem Rühren bei geringer Hitze eindicken lassen.
Die Suppe auf Tellern anrichten, etwas Muskatnuss darüber reiben und Puderzucker darauf streuen. Heiß servieren.

Ein Rezept aus dem 16. Jahrhundert, das von der damaligen Vorliebe für süß-salzige Gerichte erzählt. Wer es nachkocht, versteht den Namen – die vom Eigelb verliehene Färbung erinnert an die gelben Ginsterblüten.

Peperoni e funghi porcini

Paprikaschoten mit Steinpilzen

Zutaten

100 g getrocknete Steinpilze, in kaltem Wasser etwa 2 Stunden eingeweicht und danach sehr gründlich geputzt (das Einweichwasser durch einen Filter gießen, damit der Sand zurückbleibt, und aufbewahren)
3 EL Olivenöl
2 Knoblauchzehen, geschält und fein zerrieben
1 große Fenchelknolle, in feine Scheiben geschnitten
je 2 rote und gelbe Paprikaschoten, geröstet, enthäutet und in Streifen geschnitten
Salz, Pfeffer
Blätter von 1 Bund Petersilie, fein gehackt

Zubereitung

Die sauberen Steinpilze in feine Streifen schneiden. Das Olivenöl in einer großen Pfanne erhitzen und den Knoblauch darin anbraten. Den Fenchel zugeben und kurz dünsten. Beide Paprikasorten und die Pilze hinzufügen. Etwas vom Einweichwasser der Pilze zugeben. Einen Deckel auf die Pfanne setzen und das Gemüse bei mittlerer Hitze etwa 5 bis 10 Minuten köcheln lassen. Salzen, pfeffern, mit der Petersilie bestreuen und sofort servieren. Weißbrot dazu reichen.

Eine delikate Vorspeise oder ein leichtes Mittagessen.

Fagioli all'olio

Weiße Bohnen in Öl

Zutaten

- 1 kg frische weiße Bohnen (möglichst Cannellini), ausgepalt, oder 400 g getrocknete weiße Bohnen (möglichst Cannellini), über Nacht eingeweicht
- 4 Knoblauchzehen, geschält und halbiert
- 2–3 Salbeizweige
- 5 EL Olivenöl
- Salz, Pfeffer aus der Mühle
- 3–4 EL Olivenöl extra vergine zum Beträufeln
- etwas frisch gepresster Zitronensaft

Zubereitung

Bohnen, Knoblauch, Salbei und die 5 Esslöffel Olivenöl in einen großen Topf geben und so viel lauwarmes Wasser zugießen, dass alles gut bedeckt ist. Zugedeckt, bei geringster Hitze ganz langsam erhitzen, niemals heftig kochen lassen. Während der Garzeit von etwa 1 Stunde den Deckel geschlossen und die Hitze so klein wie möglich halten. Immer wieder probieren, damit die Bohnen keinesfalls verkochen.

Sind die Bohnen gar, die Salbeizweige entfernen, pfeffern und salzen, mit Olivenöl extra vergine und etwas Zitronensaft beträufeln.

Eine gute Beilage zu Fleischgerichten, aber auch ein sättigender, preiswerter Hauptgang.

Polenta
Maisbrei

Zutaten

½ l Gemüsebrühe
½ Liter Milch
250 g Polentagrieß
(gelbes Maismehl)

Zubereitung

Brühe, Milch und ½ Liter Wasser in einem großen Topf zum Kochen bringen. Die Hitze verringern und das Maismehl in einem dünnen Strahl unter dauerndem Rühren mit einem Schneebesen einrieseln lassen. Dann mit einem Holzlöffel energisch rühren und immer wieder den Maisbrei vom Topfboden und von den Topfwänden, wo er anhängt, kratzen. Nach etwa 40 Minuten ist die Polenta fertig.
Um sie in Scheiben schneiden zu können, die Polenta auf ein Holzbrett werfen, mit Geschirrtüchern bedecken und ihr eine runde Form geben. In Scheiben geschnitten zu Braten servieren.

Eine klassische Beilage zu Braten mit Sauce.

Polenta alla Maremmana

Polenta nach Art der Maremma

Zutaten

Für die Polenta:
  siehe vorhergehendes Grundrezept; am besten die Polenta schon vorher zubereiten, aber nicht ganz zu Ende garen (nur 30 Minuten)
100 g Butter
120 g magerer durchwachsener Speck
150 g Pecorino, frisch gerieben

Für die Sauce:
5 EL Olivenöl
1 kleine Zwiebel
2 Knoblauchzehen, geschält und fein zerrieben
4 vollreife Tomaten, überbrüht, enthäutet, entkernt und gewürfelt
Salz

Zubereitung

Zuerst die Polenta vorbereiten.

Für die Sauce Olivenöl in einem Topf erhitzen und die Zwiebeln darin anbraten. Den Knoblauch zugeben und kurz braten. Die Tomaten hinzufügen. Das Ganze salzen und bei geringster Hitze etwa 40 Minuten köcheln lassen.

Inzwischen in einer kleinen Pfanne die Butter erhitzen und den Speck darin braten, bis er knusprig ist. Die Polenta dazugeben und unter ständigem Rühren in etwa 20 Minuten fertig garen. Kurz vor Ende der Garzeit die Hälfte vom Pecorino einrühren.

Die Polenta auf vier Suppenteller verteilen, die Tomatensauce darüber geben und, mit dem restlichen Pecorino bestreut, sofort servieren.

Ceci di magro alla Pisana

Kichererbsen auf Pisaner Art

Zutaten

- 400 g getrocknete Kichererbsen, in reichlich Wasser mit 1 TL Natron und etwas Salz über Nacht einweichen (das Natron sorgt dafür, dass die Kichererbsen auch außen weich werden)
- 6 EL Olivenöl
- 2 Zwiebeln, geschält und gehackt
- 4 Knoblauchzehen
- 4 Sardellenfilets, mit der Gabel zerdrückt
- 4 reife Tomaten, überbrüht, enthäutet, entkernt und gewürfelt
- 400 g Mangold, von den Stängeln befreit und grob gehackt
- Pfeffer
- 1 EL gehackte Thymianblätter
- 1 EL gehackte Minze (am besten Bergminze)
- Olivenöl extra vergine zum Beträufeln

Zubereitung

Die eingeweichten Kichererbsen gründlich abspülen und gut abtropfen lassen.

Das Öl in einem großen Topf erhitzen, die Zwiebeln darin anbraten, bis sie golden sind. Den Knoblauch und die Sardellenfilets zugeben und einige Minuten braten. Die Kichererbsen dazugeben und so viel Wasser zugießen, dass sie gerade bedeckt sind. Den Deckel aufsetzen und das Ganze bei geringer Hitze etwa 50 bis 60 Minuten köcheln lassen.

Tomaten und Mangold zu den Kichererbsen geben. Salzen, pfeffern und nochmals 25 Minuten garen, bis die Kichererbsen weich, aber nicht matschig sind. Thymian und Minze darüber geben, alles mit Olivenöl extra vergine beträufeln und sofort servieren.

Eine delikate Beilage zu Fleisch oder Fisch, aber auch als Hauptgericht geeignet.

Fagioli all'uccelletto

Weiße Bohnen auf Vögelchen-Art

Zutaten

250 g getrocknete Cannellini-Bohnen, über Nacht in reichlich Wasser eingeweicht
4 Rosmarinzweige
12 Salbeiblätter
6 Knoblauchzehen, geschält
6 EL Olivenöl
40 g Butter
500 g reife Tomaten, überbrüht, enthäutet, entkernt und gewürfelt
Salz, Pfeffer aus der Mühle
Olivenöl zum Frittieren

Zubereitung

Die Bohnen abgießen. Abbrausen, in einen Topf geben und mit so viel Wasser bedecken, dass es 8 cm über den Bohnen steht. 1 Rosmarinzweig, 4 Salbeiblätter und 3 Knoblauchzehen hineingeben und das Ganze zum Kochen bringen. Im leise köchelnden Wasser in etwa 1,5 bis 2 Stunden weich, aber nicht breiig kochen. Währenddessen den übrigen Knoblauch fein zerreiben, 4 der restlichen Salbeiblätter und die abgerebelten Blättchen des restlichen Rosmarins hacken. Die fertigen Bohnen über einer Schüssel abgießen und den Kochsud aufbewahren. Salbeiblätter und Rosmarinzweige entfernen. Olivenöl und Butter in einem Topf erhitzen. Zerriebener Knoblauch, den gehackten Salbei und Rosmarin darin 1 bis 2 Minuten anbraten. Die Tomaten dazugeben. Salzen, pfeffern und das Ganze weiterköcheln lassen, bis die Flüssigkeit fast vollkommen verdampft ist. Nun die Bohnen mit etwas Bohnen-Kochsud zugeben. Alles gut vermischen und 10 bis 15 Minuten schmoren, damit sich die Aromen verbinden. Bei Bedarf weiteren Kochsud zugeben.
Die restlichen vier Salbeiblätter in Olivenöl knusprig frittieren. Die Bohnen auf vier Teller verteilen und mit je einem der knusprigen Blätter verzieren.

Seinen bizarren Namen hat dieses ebenso vegetarische wie unschuldige Gericht von dem Salbei. Was der wiederum mit den Vögeln zu tun hat, darüber streiten sich die Gastrohistoriker. Die einen behaupten, weil der Salbei obligate Zutat sei zu allen wilden Vögeln, die man in der Toskana brät, die anderen, weil die Form der Blätter an Vogelschnäbel erinnere …

Patate al rosmarino

Rosmarin-Kartoffeln

Zutaten

- 8 EL Olivenöl extra vergine
- 1 kg fest kochende Kartoffeln, geschält und geviertelt
- 3 Knoblauchzehen, enthäutet und in Scheibchen geschnitten
- 3–4 abgerebelte Zweige Rosmarin
- Salz
- Pfeffer aus der Mühle

Zubereitung

Den Backofen auf 200 °C vorheizen.

2 Esslöffel Öl, die Kartoffeln, den Knoblauch und Rosmarin in eine feuerfeste Auflaufform geben und auf dem Herd die Kartoffeln unter mehrmaligem Wenden scharf anbraten. Salzen, pfeffern, mit dem restlichen Olivenöl begießen, in den Ofen schieben und in etwa 45 Minuten goldbraun braten. Sehr heiß als Beilage servieren.

Eine klassische Beilage zu Fleischgerichten, passt besonders gut zu Braten und gegrilltem Fleisch, aber auch zu Geflügel und speziell zu Wildgerichten.

Sformato di spinaci
Spinatauflauf

Zutaten

2 Kilo frischer Blattspinat, geputzt, von den dicken Stängeln befreit und gewaschen
500 g Ricotta
3–4 Eier
200 g Parmesan. frisch gerieben
4 EL Olivenöl
Salz, Pfeffer aus der Mühle
Öl und Semmelbrösel für die Form

Zubereitung

Den Backofen auf 150 °C vorheizen.

Den Spinat feucht in einen Topf geben und bei mittlerer Hitze schnell zusammenfallen lassen. Etwas abkühlen lassen, dann mit den Händen möglichst viel Feuchtigkeit herauspressen.

Den Spinat fein hacken und in eine Schüssel geben. Mit Ricotta, Eiern und Parmesan vermischen. Das Olivenöl unterrühren und alles mit Pfeffer, Salz und Muskatnuss abschmecken.

Eine Auflaufform gut mit Olivenöl ausstreichen und ganz dünn mit Semmelbröseln ausstreuen. Die Spinatmasse einfüllen, glatt streichen und im vorgeheizten Ofen so lange backen, bis sich eine Haut bildet. Dann mit Alufolie abdecken und weiterbacken, bis der Auflauf aufgeht. Jetzt die Form mit der Alufolie fest verschließen, die Temperatur auf etwa 90 °C hinunterschalten und den Auflauf weitere 40 Minuten lang garen.

Den Auflauf aus dem Ofen nehmen und etwa 10 Minuten ruhen lassen.

Am besten mit zerlassener Butter und toskanischem Brot servieren. Auch eine leichte Tomatensauce passt gut dazu.

Die Liebe zum Rustikalen

Von einem Rezept gegen das Abheben

Der Star des Abends macht eine schwer depressive Miene. Denn er wird gefeiert: Am Vortag ist er zum *Cavaliere dell'Ordine della Corona d'Italia* ernannt worden, heute ist seine neue Oper zum siebten Mal vor restlos ausverkauftem Haus gespielt worden, und das Publikum hat getobt vor Begeisterung. Es ist erst eine Woche her, dass sich mit dem Triumph von »Manon Lescaut« sein Traum vom Durchbruch erfüllt hat. Doch nun folgt der Albtraum: Der Komponist ist Mittelpunkt eines Galadiners zu seinen Ehren. Im Turiner Grandhotel d'Europe an der Piazza Castello dreht sich an diesem Abend alles um ihn, sogar der Chefkoch hat sich neue Kreationen einfallen lassen zu Ehren des fünfunddreißigjährigen Komponisten und sorgt dafür, dass die Helden des neuen Werks von allen anwesenden Verehrern in genussvoller Erinnerung bleiben können: Das Menü beginnt mit einer *Soupe Des Grieux* und endet mit einer *Tarte Manon*.

Nie hat es Puccini schlechter geschmeckt. Matt lässt er einen Trinkspruch nach dem nächsten über sich ergehen. Einziger Halt: sein Freund Alfredo Caselli, der neben ihm sitzt. Er hat vorsorglich eine Rede für Puccini geschrieben, und der hatte sie brav auswendig gelernt. Jetzt, nach der Hymne des Bürgermeisters auf den neuen Stern am Himmel Italiens, ist sie fällig. Puccini erhebt sich mühsam. Doch es kommt über seine Lippen nur ein einziger Satz: »Ich danke allen!« Damit das auch verstanden wird, vollführt er eine ausladende Geste dazu. Und die hat eine umwerfende Wirkung: Sämtliche Gläser und Champagnerflaschen im näheren Umkreis fegt er damit vom Tisch.

 Puccini beschließt, nie mehr an solch einer Feierlichkeit zu seinen Ehren teilzunehmen.

"Ich bin für das Leben in Salons und auf Empfängen nicht geboren".

sagt er. »Warum soll ich mich dem aussetzen, wie ein Kretin, und wie ein Idiot herumstehen?«

Er stand natürlich trotzdem herum auf den Banketten, denn er musste einsehen, dass Repräsentation zum Geschäft gehört. Den Gesellschaftsmuffel Puccini deshalb für den großen Schweigsamen zu halten, für einen Helden der Einsamkeit, wäre allerdings ein Irrtum. Wer ihn privat kannte, der wusste, dass er zum Komponieren nicht etwa Stille und Zurückgezogenheit suchte, sondern Lärm und Gesellschaft. Und wer das Haus in Torre del Lago einmal besucht hatte, das in seinen Abmessungen sehr viel bescheidener war, als Fotografien es vermuten ließen, verstand auch, dass Elvira vom kommunikativen Arbeitsstil ihres Mannes wenig begeistert war, bescherte er ihr doch schlaflose Nächte.

In seinem Arbeitszimmer stand neben dem Klavier ein großer Tisch, auf dem Noten lagen und seine Brille – er war früh kurzsichtig geworden. Doch in diesem Refugium stand noch ein zweiter Tisch, an dem die Freunde qualmten, Karten spielten, fluchten, sich Witze und Zoten erzählten, während er summend und Akkorde schlagend in farbigem Licht, den Hut auf dem Kopf, am Klavier saß und sich auf seinem drehbaren Stuhl nur umwendete, um auf seinem Arbeitstisch dann die Eingebungen zu notieren. Wenn es in der Runde still wurde, protestierte er sofort. Und wenn nebenan, im Ess- und Wohnzimmer, auch noch der Rest der Meute lärmte, war Elvira verständlicherweise erbost, Puccini jedoch in Schaffenslaune.

Beschreibung eines klassischen Abends im Hause Puccini, beobachtet von Ferruccio Pagni, aufgezeichnet und veröffentlicht von Guido Marotti in »*Giacomo Puccini intimo*«.

Vorherige Doppelseite:
Gottes Mühlen mahlen langsam: Die frommen nordtoskanischen Bauern haben ihren Eigensinn bis heute bewahrt – ihren Sinn für das Eigene. Und daher Raritäten wie diese antike Getreidemühle, den ›Mulino di Menicone‹ in San Martino in Freddana.

Oben:
Souvenirs eines Lebens: Puccini liebte es, sich an seinem Arbeitsplatz mit Erinnerungsstücken zu umgeben, die schöne Erlebnisse in ihm wachriefen – ein Schmerzmittel gegen Misserfolg, Neid und Depression.

»*Während Giacomo sich am Klavier oder am Tisch mit der Partitur befasste, Note um Note, Akkord um Akkord hervorbrachte und hie und da absetzte, um es an den Tasten des*

Stammbäume einer vergessenen Kultur: Die Garfagnana mit ihren jahrhundertealten Bäumen (diese stehen bei Loppeglia) war Puccini immer wichtig als das Land, aus dem seine Ahnen kamen.

Instruments auszuprobieren, spielten wir Karten, ohne uns um ihn zu kümmern, und er kümmerte sich ebenso wenig um uns, abgehoben von der Wirklichkeit, durchdrungen von Klängen. »Karo!« – »... ich steche!« – »Trumpf! – f-e-f-g ... Nein, das geht nicht. – b-moll ... Jetzt, ja, das ist richtig ...« (und schon war der Akkord am Klavier).– »Pass auf, Cecco!« – »Pagni, bau keinen Mist!« – »... cis-moll, natürlich!« – »Trumpf! – Was hat der Arzt gesagt? Er wird kommen.« – »Ruhe, Kerle, ich bin fertig!«
Alle werfen die Karten hin, Puccini spielt vor, wie Mimi stirbt, und alle weinen.«

Außenstehende schütteln da den Kopf: Warum, fragen sie sich, meidet Puccini ängstlich jede offizielle Gesellschaft und sucht doch eifrig die laute Nähe seiner heimischen Freunde? Warum empfindet er deren geräuschvolle Anwesenheit als Ruhe?

Wahrscheinlich, weil er trotz seines mondänen Auftritts und seiner fast dandyhaften Eleganz ein Toskaner aus der Kleinstadt geblieben ist, dem die gepflegte Konversation verlogen erschien und dem die gesellschaftlichen Konventionen fremd waren. Er braucht das Vertraute, um zu sich und zu seiner Arbeit zu kommen: die vertraute Landschaft, die vertraute Küche, die vertrauten Geräusche und Gerüche und die vertrauten Menschen. »Hier komme ich zu nichts«, schreibt er verzweifelt aus Paris an seinen Verleger Ricordi. »Meine Nerven leiden unter der ständigen Aufregung und ich habe nicht die Ruhe, die ich brauche. Eine Einladung zu einem Essen macht mich für eine Woche krank.«

Es sei denn, es wäre die bei einem seiner Uraltfreunde in und um Lucca, wo das Essen nicht mehr und nicht weniger ist als das einer Familie: eine sinnliche Selbstverständlichkeit, bei der über alles geredet werden kann, nur nicht über intellektuelle Dinge. Vielleicht machte das anfangs auch Elviras Reiz aus und dann Elviras Tragik: dass er mit ihr niemals über seine Arbeit sprechen konnte.

Gäste im Haus zu empfangen war für Puccini kein Luxus, es war die schiere Notwendigkeit. Und er lockte sie nicht etwa mit den Verwöhnungen an, die ein mondäner Künstler bietet, um das Land erträglich zu machen für die Städter. Was er seinem Librettisten Luigi Illica anpries, war ländliches Chaos und bäuerliche Sinnlichkeit.

Puccinis kulinarische Leiden

Jeder, den die Geschichte des Essens interessiert, weiß: Die italienische Küche der Renaissance kam mit der Florentinerin Katharina von Medici, Frau von Frankreichs König Heinrich II., 1533 nach Frankreich und bildete die Basis der später so viel berühmteren französischen Küche. Kaum einer aber weiß, was die vielen französischen Gerichte noch zu Puccinis Zeiten auf Italiens Speisekarten zu suchen haben.
Wenn es ein Galamenü zu Puccinis Ehren gab, war das meist nicht nach seinem Geschmack, da man krampfhaft um französischen Stil bemüht war. Zum Beispiel in Palermo, wo die drei Monate zuvor bei der Uraufführung in Turin geschmähte und völlig verrissene »Bohème« zu einem sensationellen Triumph für den Komponisten und seinen Dirigenten Leopoldo Mugnone wurde.

Die Zeitung »Il Torneo« meldete am 1. Mai 1896:
»Zu Ehren des Meisters Puccini fand am Montagabend im ›Circolo Artistico‹ ein festliches Bankett statt. In der herrlichen Galerie, wo man, wie immer, die schönen Bilder des berühmten Sciuti bewundern konnte, fanden mehr als hundert Geladene Platz. Neben Maestro Puccini waren auch der sympathische Maestro Mugnone, die Baritone Giacomello und Scottolana sowie der Tenor Zeni dabei.

Hier die Menükarte des Banketts:
Austern
Consommé Giuliana
Fisch à la Normandie
Hühner truffés mit ragoût Toulouse, Spargeln à la français
Kalbsfilet broche
Eispudding Maria Luigia
Weine: Weißer Camastra, Marsala, Champagner.«

Heute wird auch in Italien gerne eines vergessen: Im 19. Jahrhundert war gerade in Florenz und anderen toskanischen Städten ein formelles Bankett undenkbar ohne eine Menükarte mit französischen Gerichten, Weinen und Spirituosen. Dass sich das auch in den Zeiten des Risorgimento hielt, als Italien mit Leidenschaft um seine nationale Einheit und Identität kämpfte, verwundert noch mehr. Mit ein Grund: Wie auch in Deutschland galt französischer Stil als besonders

erlesen, als Kennzeichen für Kultiviertheit. Vittorio Emanuele II., seit 1861 König von Italien, und seine Minister sprachen besser Französisch als Italienisch. Erst sein Enkel, Vittorio Emanuele III., der nach der Ermordung seines Vaters Umberto im Jahr 1900 den Thron bestieg, merkte dann, dass italienischer Nationalstolz im Herzen und französische Küche im Magen sich nicht recht vertrugen. Und dass vermeintliche Äußerlichkeiten wie offizielle französische Menükarten allzu deutlich verrieten, welche tiefe Kluft die Führungsschicht des Landes vom Volk trennte. 1907 erließ er den Befehl, dass die Menüs bei Hofe ab sofort italienisch zu klingen und zu schmecken hätten. Was blieb, waren zum Beispiel die *brioche,* die *maionese* oder die *besciamella.*

»In meinem Haus«, schrieb er, »gibt es weiche Betten, Hühner, Gänse, Enten, Schafe, Flöhe, Tische, Sessel, Gewehre, Bilder, Statuen, Schuhe, Fahrräder, Cembali, Nähmaschinen, Uhren, einen Plan von Paris, gutes Olivenöl, Fische, drei verschiedene Qualitäten Wein (Wasser wird nicht getrunken), Zigarren, Ehefrau, Kinder, Hunde, Katzen, Rum, Kaffee, verschiedene Nudelsorten, eine Dose schlecht gewordener Sardinen, Pfirsiche, Feigen, zwei Latrinen, einen Eukalyptusbaum und einen Brunnen im Hause, alles zu Ihrer Verfügung (ausgenommen Ehefrau).«

So blasiert oder distanziert Puccinis Gesichtsausdruck auf manche wirkte, so wenig wollte er mit blasierten Menschen etwas zu tun haben. Er war tief im Inneren ein rustikaler Mensch und kannte keine Hemmungen, sich entsprechend rustikal auszudrücken. Der Geschmack am Deftigen ist in Puccinis eigentlicher Heimat, der Lucchesia, der Landschaft um Lucca, ebenso zu Hause wie in der gesamten Maremma. Selbst die Diätsuppe, die den reichen Lucchesern ihren überlasteten Magen wieder erleichtern helfen sollte, jene legendäre *garmugia*, ist nicht eben wässrig: Seit dem 17. Jahrhundert wird diese, leider nur im Frühling und Frühsommer köstliche Medizin, aus weißen Bohnen, Bauchspeck, Artischocken, Spargel, frischen Erbsen, kleinen Zwiebeln, dünnen Kalbfleischscheiben oder gehackten Bratenresten und geröstetem Brot zubereitet. Wer sich als Kenner der Toskana verschämt eingesteht, von einer *garmugia* noch nie etwas gehört zu haben, sei beruhigt: Hartnäckiger als in der übrigen Toskana haben sich in der Maremma lokale kulinarische Traditionen gehalten, aber nicht verbreitet, vor allem aus topographischen Gründen. Denn bei der Maremma handelt es sich eigentlich um einen Plural: um *Maremme* (deutsch Maremmen), also um eine Vielzahl von Sumpfgebieten und Küstenebenen, die sich entlang dem Tyrrhenischen Meer von La Spezia im Norden bis Tarquinia im Süden hinziehen und durch Gebirgsvorsprünge und Steilküsten voneinander getrennt sind und zerschnitten werden von reißenden Bächen. Jede Maremma ist eine Welt für sich, unverwechselbar in ihrem Profil, ihren schroffen Eigenheiten. Gemeinsam ist den *Maremme* die Vegetation: die Pineta, ein durchgehender Forst aus hohen Pinien, und dichte Macchia, also jenes mediterrane

Vorherige Seite:
Zu schön, um nah zu sein: Der erlesene Stil des Gran Caffè Margherita, elegant wie der Ort Viareggio, war Puccinis Wesen eigentlich fremd.

Gegenüber:
Überdacht von Heimat: Von den Pinienhainen der Maremma träumte der Weltstar Puccini, wenn er auf Reisen war (hier die Pineta in San Rossore).
»Ich liebe die grünen Laubdächer der alten und jungen Wälder«, seufzte er aus Paris.

Gebüsch aus Hartlaubgewächsen mit glänzend glatten immergrünen Blättern wie Lorbeer und Zistrose, durchsetzt von stark duftenden Kräuterstauden. Im engeren Sinn wird mit »Maremma« meistens die Region um Grosseto gemeint und die Küstenregion um die Mündung des Flusses Ombrone.

Für Puccini waren solche topographischen und geographischen Spitzfindigkeiten unwichtig. Die Maremma war für ihn einfach gleichbedeutend mit Glück. Über ihre Schwächen, ihre Mängel und Probleme blickte er hinweg wie ein Verliebter. »Dort, im Grünen, in der tiefen Wildnis der herrlichen Maremma, werde ich als Gast sympathischster Menschen die vermutlich schönsten Tage meines Daseins verbringen.« Seine Liebe zur Maremma war unverbrüchlich und so, wie eine große Liebe sein muss. Er liebte ihr Wesen, ihr Äußeres, ihren Geruch. Er liebte es, sie bis in die hintersten Winkel zu ergründen, er liebte es, sie zu hören, zu berühren, zu schmecken. Und er liebte sie gerade wegen ihres rustikalen Charakters. Nichts genoss er mehr, als sich dem allen hinzugeben.

Dass Puccini, der Weltbürger mit dem feinen Gaumen, der Meister klanglicher Delikatesse, das Unverfeinerte liebte, leuchtet ein. Besitzt es doch gerade für Menschen, die, aus der Provinz kommend, mit artifizieller Urbanität konfrontiert worden sind, etwas beruhigend Ehrliches. Das Unverfälschte war auch für Puccini Inbegriff der Heimat. Er war kein kulinarischer Patriot und litt keineswegs an Xenophobie, was gutes Essen und Trinken betraf, denn sowohl aus Paris als auch aus Manchester, wo es ihm der Whisky angetan hatte, kam er mit einigen Kilo Übergewicht zurück, die er sich auf dem Fahrrad wieder abzustrampeln hoffte. Doch lieber hielt er sich an Vertrautes, wie in Wien, wo er sich wochenlang von Koteletts ernährte, deren Namen ihm vertraut vorkamen. Zu Hause jedenfalls hatte Eleganz oder Finesse auf seinem Esstisch nichts zu suchen. Mit Puccini zu genießen hieß, die herben Aromen und Weine, die kräftigen Gewürze zu lieben. Heute, wo die Maremma unter Kennern längst als das elitärste önologische Labor Italiens gilt, aus dem seit den 1980er-Jahren Weine der höchsten Qualitäts- und auch Preisklasse kommen – um nur den *Sassicaia* und den *Ornellaia* zu nennen –, schmeckten die Weine jahrhundertelang rein, aber, freundlich formuliert, rustikal. Denn die alten autochthonen Trauben hatten vor allem widerstandsfähig zu sein, um dem schwülen Klima hier an der Küste standzuhalten. Finesse war nicht gefragt. Was hier seit Jahrhunderten gedieh, waren ein paar wenige Sorten. Und keineswegs erlesene.

Viele der alten Sorten hier werden von ambitionierten Winzern meist nur noch im Verschnitt verwendet. Mal hier ein par Prozent hinein zum Leichtermachen, hier ein paar zum Weichermachen, hier ein paar zum Rundermachen. Gekonnt und im Ergebnis oft grandios, aber nicht echt, nicht so, wie Puccini und seine Freunde die einheimischen Weine kannten und liebten. Mangels anderer Wahl? Oder weil es ihnen entsprach?

Gerade das Derbe half Puccini offenbar aus dem Tal seiner Depressionen. Derbe Witze, derbe Sprüche, derbe Kost und derbe Weine. Es gibt ausreichend Fotos von ihm im Kreis seiner ländlichen Sauf- und Jagdkumpane – aber ein Foto, auf dem Puccini lacht, breit und haltlos? Jeder, der ihn kannte, hätte sofort gewusst: Das ist eine Fälschung. Denn Giacomo Puccini selber gab zu: »Ich habe immer ein großes Bündel Melancholie mit mir herumgetragen. Es gibt keinen Grund dafür, aber so bin ich.« Obwohl er nicht eben sprachbegabt war und selten versuchte, sich poetisch auszudrücken, griff er doch zu mächtigen Bildern, wenn es um seine Verzweiflungen ging: »Meine Einsamkeit ist unendlich wie das Meer, flach wie die Oberfläche des Sees, schwarz wie die Nacht und grün wie die Galle.« Dass es sich um die allgemein verbreitete *mestizia toscana*, die angeblich typisch toskanische Wehmut, handelte, erscheint zweifelhaft, denn seine Freunde in Torre, größtenteils Einheimische, litten nicht daran, sondern mokierten sich über seine *povera faccia*, seine triste Miene. Der Schriftsteller Ugo Ojetti hat sie schöner als jeder andere beschrieben, diese »Atmosphäre von Einsamkeit und Land, die dieser schwierige, schweigsame, breitschultrige Musiker heraufbeschwört«.

Trotzdem hatte er einen starken Hang zu ziemlich pubertären Vergnügungen und Gelagen, die sich mit seinem dogenhaften Gebaren schwer vereinbaren ließen. Es

Puccinis Weine

Aleatico. Eine alte rote Rebsorte, bereits im Mittelalter als Livatica erwähnt, die auch als *Leatico* oder *Agliano* bekannt ist. Sie ergibt schöne Süßweine, die nicht feinseiden zum Gaumen kommen, sondern in schwerem Samt. Dass der *Aleatico* von seinen Verächtern hochnäsig als »Likör des kleinen Mannes« belächelt wird, stört seine Liebhaber keineswegs.

Alicante. Eine ursprünglich spanische, aber schon lange in Italien beheimatete Sorte, nicht edel, aber charaktervoll.

Canaiolo bianco und *nero*, der weiße und der rote *Canaiolo*. Eine Rebsorte, die rein gepresst nicht eben viel sagend wirkt und einen derben Dialekt spricht, der einem allerdings durchaus gefallen kann. Heute ist er fast nur noch als Bestandteil des *Chianti classico* bekannt. Die Toskaner, die sich gerne den Fremden verweigern, lieben das Verwirrspiel mit verschiedenen Bezeichnungen für ein und dasselbe. So kann der weiße *Canaiolo* auch *Drupeggio* heißen und der rote *Canaiolo Uva fosca* oder *Uva merla*. Sein leicht bitteres Aroma ist etwas für Kenner.

Ciliegiolo ist ein nach Kirschen (*ciliegie*) benannter Wein; von Snobs wird er beurteilt wie Puccinis Musik: gefällig, aber ohne Tiefgang. Winzer, die sich an Reinpressungen heranwagen, werden aber mit großem Beifall belohnt.

Malvasia nera und *bianca*, also roter und weißer Malvasier. Trauben, die ohnehin überall, wo sie gedeihen, einen so unterschiedlichen Ruf genießen, dass übervorsichtige Kenner gleich die Lippen davon lassen. Seinen Namen hat die *Malvasia* von Monemvasia, einem Hafenort in der südöstlichen Peloponnes, der im Mittelalter ein Umschlagplatz für Dessertweine war. In der Maremma tritt er meistens trocken auf, selten erlesen, aber immer ehrlich.

Morellino, vor allem als *Morellino di Scansano* beliebt. Ein echter Toskaner, warm, kräftig und robust. Seinen Namen hat er von seiner sehr dunklen Farbe (*morellino* heißt schwärzlich) oder auch von den Rappen der reichen Toskaner, die mit Wein beladene Karren zogen (*morellino* kann auch kleiner Rappe bedeuten).

Um auch herben Trauben etwas Gefälliges zu geben, kultivierten die Toskaner früh den *Vin Santo*, einen Süßwein. Die Luccheser weichen in ihm ihre *cantucci* ein, die beinharten Mandelkekse mit Anissamen, Vanille und Pinienkernen. Der *Vin Santo* ist nichts anderes als ein Strohwein, das heißt, die sorgfältig ausgelesenen Trauben werden im Herbst auf Strohmatten zum Trocknen ausgelegt. Der vergorene Wein wird dann in kleine Fässer gefüllt und auf den Dachböden der Weingüter gelagert. Er wird also einem Wechselbad von heißen Sommer- und kalten Wintertemperaturen ausgesetzt, und dieser Prozess gibt ihm seinen einzigartigen, leicht sherryartigen Geschmack.

scheint, dass Puccini sich als Patient durchschaute, sich selbst behandelte und das Rustikale verschrieb als Medizin gegen seine Niedergeschlagenheit. Diese behinderte ihn ein Leben lang bei seiner Arbeit, auch wenn sein Werk ohne melancholische Schatten nicht denkbar ist. Als die ihn wieder einmal einholten, während er an »La Bohème« saß, gründete er mit seinen Freunden im Sumpf des Massaciuccoli-Sees einen Club, der natürlich »Club Bohème« hieß – schließlich waren die Mitglieder nicht nur Jäger, sondern auch Maler und Dichter –, und Puccini wurde zum Vorsitzenden bestimmt.

Treffpunkt war eine alte Fischerhütte, die als Kneipe genutzt wurde und nicht mehr als ein Bretterverschlag war. Ursprünglich gehörte sie einem Schuster, der Giovanni Gragnani hieß und *Giovanni delle bande nere* genannt wurde. Innen standen grobe Tische und Bänke, vor den kleinen Fensteröffnungen hatten die Clubmitglieder algerische Wandbehänge befestigt, denn keiner sollte sehen können, was hier drinnen geschah. Die Wände waren mit Zeichnungen und Karikaturen der malenden Vereinsbrüder dekoriert, und von der Decke hingen *salami*, sicher auch ein *biroldo* aus der Garfagnana, luftgetrocknete Würste für die feuchten Gelage. Auch wenn es größtenteils mehr oder weniger talentierte Künstler waren, die sich dampfend auf den Bänken drängten – um Kunst ging es hier bestimmt nie. Bereits die Namen, die sie sich gaben, verrieten eher den Blödelgeist von Männern, die es genossen, kindisch zu sein: *Gambe di merlo*, Amselbein, hieß der eine, *lappore*, weiße Wimper, der nächste. Respekt hatte hier so wenig zu suchen wie ein gebügeltes Hemd. *Pipi* musste sich der offizielle Fotograf im Club, Teodosio Bin, rufen lassen, und die zunehmende Fülle um die Leibesmitte verschaffte dem Vorsitzenden, Maestro Puccini, den Namen *omo palla*, Kugelmensch. Ob Maler oder Dirigent, Journalist oder Kaffeehausbesitzer, Drogist, Priester oder Jäger: Hier legte jeder mit den gepflegten Manieren auch alle beruflichen Ehren- und Würdenzeichen ab. Es lag den Männern offenbar viel daran, hier das zu tun, was der Anstand, die Gesellschaft und die Ehefrauen verboten hatten: zu fluchen, zu saufen, zu rülpsen, sich dreckige Witze zu erzählen und Erfahrungen über die Schnepfenjagd, den Fischfang und intime Abenteuer auszutauschen.

Vorherige Seite:
Weinseliger Ausblick: Nur notgedrungen verzichtete Puccini nach seinem Autounfall aus Diätgründen auf sein tägliches Quantum Wein, denn der gehörte für ihn zum Leben. Seine Familie besaß Weinberge in der Garfagnana, ähnlich dem hier bei Castiglione.

Gegenüber:
Palast der Männerfreuden: Die abgelegenen Hütten am Lago di Massaciuccoli, Pfahlbauten im seichten Gewässer, waren ideale Treffpunkte für Puccini und seine Kumpane.

Ein anständiger Verein brauchte natürlich eine Satzung. Und die verrät die pubertäre Lustigkeit der Mitglieder:

Art. 1 Die Mitglieder des Clubs »La Bohème«, getreu dem Geist, in dem der Club gegründet wurde, schwören, gut zu trinken und noch besser zu essen.

Art. 2 Nörgler, Pedanten, Magenkranke, Geistlose, Puritaner und andere Unglückliche dieser Art werden ausgeschlossen oder von den wütenden Mitgliedern hinausgeschmissen.

Art. 3 Der Präsident tritt als Schlichter auf, ist jedoch dafür verantwortlich, den Schatzmeister an der Erhebung der Mitgliedsbeiträge zu hindern.

Art. 4 Der Schatzmeister ist ermächtigt, mit der Kasse durchzubrennen.

Art. 5 Als Beleuchtung des Lokals dienen Petroleumlampen, bei fehlendem Treibstoff durch die *moccoli* unter den Mitgliedern. (*Moccoli* kann Kerzenstümpfe bedeuten, aber auch Flüche.)

Art. 6 Alle gesetzlich erlaubten Spiele sind verboten.

Art. 7 Schweigen ist untersagt.

Art. 8 Klugheit ist nicht zugelassen, außer in Ausnahmefällen.

Auch wenn Puccini berühmt dafür war, wo auch immer er überrascht wurde, augenblicklich eine fotogene Pose einzunehmen, auch wenn seine Eitelkeit Teil seiner Person war: Die Attitüde der Überlegenheit, sogar Überheblichkeit war reine Verstellung. Und strengte ihn an.

Er brauchte zur Entspannung nichts mehr als jenes Milieu, in dem keinerlei Ansprüche an ihn gestellt wurden, wo er weder geistreich noch genial, weder weltmännisch noch wohlerzogen auftreten musste. Das liebte er an Torre del Lago im Allgemeinen und an seinem Club im Besonderen. Sich immer wieder einmal gehen zu lassen war vielen anderen Genies auch ein Bedürfnis, aber nur wenige haben sich so ökonomisch ein nahe gelegenes Reservat für ihre unschuldigen Späße errichtet wie Puccini, der sich dort besser erholen konnte als in dem Dunstkreis seiner humorlosen Gattin.

Genießen hieß für Puccini nicht, luxuriös zu leben, sondern ohne jeden Zwang.

Um sich Zwängen zu entziehen, scheute er vor keiner Methode zurück. Als er in Bayreuth eine Vorstellung des »Parsifal« besuchte und von einem Freund, der in der Loge von Cosima Wagner saß, erkannt wurde, schien eine Begegnung mit des Meisters mächtiger Witwe unausweichlich. Doch darauf verspürte Puccini, der sich im Hotel als »Archimede Rossi, Kaufmann aus Mailand« eingetragen hat, so wenig Lust wie auf ein Bankett. Außerdem war er in Begleitung einer Dame, die unter »Signorina Rossi« lief und als unverehelichte Cousine ausgegeben wurde.

Der Freund geriet in Bedrängnis, als Puccini ihm den Gefallen abschlug, vor Cosima zu erscheinen. Wie sollte er der hohen Herrin des Hügels beibringen, dass der Gast aus Italien auf die Ehre verzichtete, von ihr empfangen zu werden? »Sag ihm, dass du dich geirrt hast«, meinte Puccini. »Dass ich gar nicht ich bin, sondern ein Doppelgänger.«

Es gelang ihm, in Bayreuth Archimede Rossi zu bleiben. Ein Triumph, den er genossen haben dürfte. Denn seine großen Triumphe waren die kleinen Fluchten. Die Ausflucht ins Zwanglose, die Zuflucht zum Ländlichen. Dort erst stiegen in ihm jene Melodien und Harmonien auf, die keinen vermuten ließen, wie ihr Schöpfer sie oft ersonnen hatte. Nicht an einem lichten Morgen, sondern spät nachts, meistens nach einem durchzechten Abend in seinem Clubhaus in Torre del Lago. Von dort zog er nach Hause mit möglichst vielen Freunden, platzierte sie an besagtem Spieltisch, setzte sich selber ans Klavier. Und so schuf er Unsterbliches: Auf dem Kopf einen schmierigen Hut, mit einer Fahne nach Wein oder Schnaps, dreckige Stiefel an den Beinen, abgewetzte Hosen am Leib. Und um sich her ein paar fluchende, spielende, zechende Kumpel aus dem Club »La Bohème«. Echte Empfindung konnte Puccini nur vertonen, wenn um ihn her alles echt war, starke Gefühle nur, wenn er sie selber erlebte. Und nur

Gegenüber:
Weg ins Freie: Die Stege, Brücken, Pfade des Massaciuccoli-Sees scheinen Fremde in gefährliche Moraste zu führen. Puccini führten sie in die Freiheit, heraus aus Elviras Kontrolle.

wenn er sich in einer völlig vertrauten Welt befand, gelang es ihm, neue Klangwelten zu erschaffen. In der Abgeschiedenheit von Torre del Lago konnte er sich hineinphantasieren in die Atmosphäre von Madame Butterflys Nagasaki, in das Paris der »Bohème« um 1830, in Toscas Rom nochmals dreißig Jahre davor, in das kalifornische Goldgräberlager der »Fanciulla del West« in der Mitte des 19. Jahrhunderts oder in jenes mittelalterliche Florenz, in dem Gianni Schicchi seine Umwelt zum Narren hielt.

Dass Puccini das Rustikale liebte, das derbe Leben mit den Kumpels in Torre del Lago ebenso wie das bäuerliche in dem Haus seiner Familie in Celle, war für ihn heilsam. Denn das hinderte ihn daran abzuheben. Wenn er eine Suppe wie den *gran farro* aß, wusste er aus Celle, wie viel Arbeit der Anbau des Dinkels machte. Wenn er sich weiße Bohnen kochte, das Olivenöl darüber goss und dann beides gemeinsam genoss, dann war ihm bewusst, wie viel Kenntnis es erfordert, diese Qualität der Bohnen, diese Qualität des Öls zu erzeugen. Puccini war imstande, dies alles mit all seinen Sinnen auszukosten. Er genoss den Geruch des Schilfs am See, wenn er morgens zur Jagd auszog, ebenso wie den der nassen Erde in Chiatri, wenn endlich Regen fiel, oder den der pilzreichen Wälder in der Garfagnana, wenn er in Celle eins der kleinen Fenster öffnete.

Die Liebe zum Rustikalen erdete Puccini. Für Himmelsstürmer ist Erdung eine Medizin.

Folgende Doppelseite:
Spiegel seiner Seele: Am Massaciuccoli-See fühlte sich Puccini am Ziel seiner Bestimmung. Er, der Melancholiker, fühlte sich verstanden von der melancholischen Stimmung dort.

Tacconi alla Lucchese

Tacconi nach Art von Lucca

Zutaten

½ Kaninchen, küchenfertig
   (mit Leber)
Für die Marinade:
½ l trockener Rotwein
1 Möhre, 1 Zwiebel
1 Stange Staudensellerie
5 Lorbeerblätter
3 Nelken, 3 Stücke Stangenzimt
Für die Tacconi:
(ersatzweise 450 g Tacconi,
   auch Quadretti, Nudelquadrate,
   aus der Packung)
300 g Weizenmehl, gesiebt
3 Eier
1 EL Wasser, 1 EL Olivenöl
Für die Sauce:
6 EL Olivenöl
100 g Speck, gehackt
3 Knoblauchzehen, geschält und
   fein gehackt
2 Zwiebeln,
2 Möhren
2 Stangen Staudensellerie
400 g Tomaten, überbrüht,
   enthäutet, entkernt und grob
   gewürfelt und gehackt
Salz, Pfeffer
200 g Parmesan, frisch gerieben

Zubereitung

Die Kaninchenteile in Stücke schneiden.

Für die Marinade Möhren, Zwiebel und Sellerie grob zerkleinern, dann alle Marinade-Zutaten in einer großen Schüssel mischen und die Kaninchenteile über Nacht, besser 24 Stunden lang, beizen.

Für die Tacconi aus Mehl, Eiern, Wasser und Öl einen glatten, geschmeidigen Teig kneten. 30 Minuten ruhen lassen.

Die Kaninchenteile aus der Marinade nehmen, die Marinade durch ein Sieb gießen und aufbewahren. Die Kaninchenstücke gut trocknen.

Für die Sauce das Öl in einem großen, breiten Topf erhitzen, Speck, Knoblauch und die fein gehackten Gemüse (Zwiebeln, Möhren und Sellerie) darin anbraten. Die Kaninchenteile zugeben und braten, bis sie Farbe annehmen. Die Marinade zugießen und die Tomaten zugeben. Salzen, pfeffern und das Ganze 30 Minuten bis 2 Stunden garen, bis die Marinade eingekocht und das Kaninchenfleisch weich ist.

Die Kaninchenstücke herausnehmen und das Fleisch von den Knochen lösen und klein schneiden. Die Sauce (ohne das Fleisch) pürieren und die Fleischstücke hineingeben. Warm halten.

Den Teig in Platten von 3 mm Dicke ausrollen und diese in 5 cm große Quadrate (Tacconi) schneiden. 5 Minuten in reichlich sprudelnd kochendem Salzwasser al dente garen. Abgießen und abtropfen lassen.

In vier tiefe Teller abwechselnd Tacconi und Kaninchensauce aufeinander schichten, bis alles verbraucht ist. Mit Parmesan bestreuen und sofort servieren.

Tagliatelle mozze alla cacciatora

Kurze Tagliatelle nach Jägerart

Zutaten

- 4 EL Olivenöl
- 4 Knoblauchzehen, geschält und fein zerrieben
- 3 Zweige Salbei
- 3 Zweige Rosmarin
- 250 g Rinderhackfleisch
- 1/8 l guter trockener Rotwein
- 350 g sehr reife Tomaten, überbrüht, enthäutet und gewürfelt
- Salz, Pfeffer
- 350 g frische selbst gemachte Tagliatelle oder 450 g aus der Packung
- 200–300 g Parmesan, frisch gerieben

Zubereitung

Das Olivenöl in einer großen Pfanne erhitzen und den Knoblauch darin leicht anrösten. Salbei, Rosmarin und Hackfleisch zugeben und alles unter Rühren braten. Mit dem Rotwein ablöschen. Den Wein eindampfen lassen und die Tomaten zugeben. Salzen und pfeffern. Das Ganze – zugedeckt – bei geringer Hitze 25 Minuten köcheln lassen.

Inzwischen die Tagliatelle in 3 bis 4 cm lange Stücke schneiden bzw. brechen und in reichlich sprudelnd kochendem Salzwasser al dente garen. Abgießen.

Salbei- und Rosmarinzweige aus der Sauce entfernen. Tagliatelle und Sauce in einer Servierschüssel vermischen und mit geriebenem Parmesan reichen.

Tagliatelle con funghi porcini

Tagliatelle mit Steinpilzen

Zutaten

- 400 g Steinpilze, sorgfältig geputzt (Hüte und Stiele trennen, das unterste Stielende entfernen, alles in mittelgroße Stücke schneiden)
- 4 EL Olivenöl
- 2 Knoblauchzehen, geschält und fein zerrieben
- Blätter von 1 Bund Petersilie, fein gehackt
- 1/8 l Weißwein
- Salz, Pfeffer aus der Mühle
- 300 g frische Tagliatelle oder 400 g Tagliatelle aus der Packung

Für die Bechamelsauce (überbackene Variante):
- 1/2 l Vollmilch
- 100 g Butter
- 60 g Mehl
- Salz, Pfeffer aus der Mühle
- Muskatnuss

Zubereitung

Öl in einer großen Pfanne erhitzen und den Knoblauch darin golden anbraten. Die Steinpilze zugeben und kurz scharf anbraten. Die Petersilie hinzufügen und kurz mitbraten. Mit dem Weißwein ablöschen. Das Ganze salzen, pfeffern und bei geringer Hitze einige Minuten schmoren, bis die Steinpilze gar sind. Inzwischen die Tagliatelle in reichlich Salzwasser al dente garen. Abgießen und abtropfen lassen. Die Nudeln mit der Sauce mischen und sofort servieren.

Überbackene Variante: Den Backofen auf 180 °C vorheizen. Die Pilze wie oben beschrieben zubereiten. Die Nudeln in Salzwasser so kochen, dass sie noch guten Biss haben (also etwas zu fest, um bereits essbar zu sein). Abgießen und gut abtropfen lassen. Für die Bechamelsauce die Milch in einem kleinen Topf erhitzen. In einem anderen Topf die Butter zerlassen und das Mehl auf einmal hineinschütten und unter dauerndem Rühren mit einem Holzlöffel etwa 2 bis 3 Minuten anschwitzen. Den Topf vom Herd nehmen und die Hälfte der heißen Milch, kurz bevor sie zum Kochen kommt, esslöffelweise unterrühren. Die restliche Milch zugießen und gut verrühren. Den Topf wieder auf den Herd stellen, die Sauce salzen, pfeffern und Muskatnuss darüber reiben und bei geringer Hitze unter ständigem Rühren so lange köcheln lassen, bis eine glatte, dicke Sauce entstanden ist. Eine feuerfeste Auflaufform ausbuttern, schichtweise Tagliatelle, Pilze und schließlich Bechamelsauce hineingeben, bis alles verbraucht ist. Die letzte Schicht muss aus Nudeln bestehen. Sie wird mit der Bechamelsauce überzogen und reichlich mit Parmesan (etwa 300 Gramm) bestreut. In den Ofen schieben und etwa 20 Minuten überbacken, bis der Auflauf golden ist und eine schöne Kruste gebildet hat.

Spaghetti alle anguille

Spaghetti mit Aal

Zutaten

- 400–500 g Aal
- 4–6 EL Olivenöl
- 2 Knoblauchzehen, geschält und gehackt
- 1 Zwiebel, geschält und gehackt
- Blätter von 1 Bund Petersilie, gehackt
- 250 g reife Tomaten, überbrüht, enthäutet, entkernt und gewürfelt
- Salz, Pfeffer
- 400 g Spaghetti

Zubereitung

Den Aal enthäuten, Kopf, Schwanz und Mittelgräte entfernen und das Aalfleisch in etwa 4 cm lange Stücke schneiden.

Das Olivenöl in einer Pfanne erhitzen, Knoblauch und Zwiebel darin Farbe annehmen lassen. Die Petersilie zugeben und die Aalstücke in die Pfanne geben und mitbraten. Nach einigen Minuten die Tomaten hinzufügen und alles bei geschlossenem Deckel bei sehr geringer Hitze 30 Minuten schmoren lassen.

Inzwischen die Spaghetti in reichlich Salzwasser al dente garen. Abgießen, abtropfen lassen und zu dem Aalsugo geben. Vermischen und sofort servieren.

Tagliatelle gialle
Gelbe Tagliatelle

Zutaten

- 4 EL Olivenöl
- 100 g Bauchspeck, fein gewürfelt
- 2 Zwiebeln, geschält und fein gehackt
- 3 Möhren, geschabt und fein gewürfelt
- 600 g gelbe Paprikaschoten, mit dem Sparschäler abgezogen, entkernt und geviertelt
- Salz, Pfeffer aus der Mühle
- Muskatnuss
- 350 g frische Tagliatelle oder 450 g aus der Packung
- Blätter von 1 Bund Petersilie, fein gehackt
- 1 walnussgroßes Stück Butter
- 1 Prise gemahlener Safran
- 300 g Pecorino, frisch gerieben

Zubereitung

Das Olivenöl in einer großen Pfanne erhitzen und den Speck darin rösten. Die Zwiebeln hinzufügen und golden werden lassen. Möhren und Paprika zugeben. Salzen, pfeffern, etwas Muskatnuss darüber reiben und das Ganze bei geringer Hitze – zugedeckt – etwa 15 Minuten schmoren, bis die Paprikastücke al dente sind.

Inzwischen die Tagliatelle in reichlich Salzwasser al dente garen. Abgießen und abtropfen lassen.

Ist der Paprika gar, Petersilie, Butter und Safran in die Sauce geben und rühren, bis die Butter geschmolzen ist.

Die Sauce in einer Servierschüssel mit den Nudeln mischen und mit reichlich Pecorino bestreut servieren.

Pappardelle al ragù di lepre

Pappardelle mit Hasenragout

Zutaten

Fleisch von ½ Hasen, mit Leber
5–6 EL Olivenöl
2 mittelgroße Zwiebeln, geschält und fein gehackt
2 Möhren, geschabt und fein gewürfelt
2 Stangen Staudensellerie, abgezogen und fein gehackt
Blätter von 1 Bund Petersilie, fein gehackt
½ TL frischer fein gehackter Thymian
⅛ l Rotwein
500 g Tomaten, überbrüht, enthäutet, entkernt und gewürfelt
Salz, Pfeffer aus der Mühle
¼ TL gemahlener Koriander
¼ TL Fenchelsamen
400 g frische grüne Pappardelle oder 500 g grüne Pappardelle aus der Packung
200 g frisch geriebener Parmesan
frischer Dill zum Garnieren

Zubereitung

Das Hasenfleisch waschen, trocknen und grob würfeln, die Leber fein zerkleinern.

2 Esslöffel Olivenöl in einem breiten Topf erhitzen und die Zwiebeln darin golden braten. Möhren und Sellerie zugeben und ein paar Minuten schmoren. Petersilie und Thymian einrühren.

In einer anderen Pfanne das restliche Olivenöl erhitzen und das Hasenfleisch darin kross anbraten, die Leber zugeben und mitbraten. Alles zusammen auf die Möhren-Sellerie-Mischung betten und erhitzen. Die Tomatenwürfel zufügen und mit Rotwein löschen. Salzen, pfeffern und bei geringer Hitze – zugedeckt – etwa 1 Stunde schmoren. Das Fleisch herausnehmen und grob hacken und wieder zurück in den Topf geben. Koriander und Fenchelsamen unterrühren und das Ganze weiter leise köcheln lassen, bis die Nudeln gekocht sind.

Die Nudeln in reichlich Salzwasser al dente garen. Abgießen und gut abtropfen lassen.

Nudeln und Hasenragout mischen und mit Parmesan bestreut und Dill garniert servieren.

Der Junge ist tot. Weiß wie das Laken liegt er da. Und alles deutet darauf hin, dass er sich umgebracht hat. Tränen werden vergossen über das arme Kind, das doch gar nicht so schwermütig gewirkt hatte. Starr und leblos ist der Körper. Bis es brisant wird. Denn lebendigen Leibes eingesargt möchte der minderjährige Laiendarsteller nun doch nicht werden. Der Schwindel fliegt auf. Und es gibt Ärger für Giacomo, der sich diese Posse ausgedacht hatte.

Von Kind an hatte Puccini diese Lust am Theatralischen, die durch Luccheser Traditionen gefördert wurde. Denn auch wenn die Stadt sich niemals darstellte wie Florenz, das sich selbst so gekonnt inszenierte wie eine erfolgsgewohnte Diva, so lebte Lucca doch die Lust am großen Auftritt, am pompösen Spektakel aus. In Florenz war der Anspruch dafür da, das Publikum, das Geld und auch jederzeit ein Anlass. In Lucca nutzte man die Tradition, um die Begierde nach dem Theatralischen auszuleben. Seit dem Mittelalter wurde und wird dort jedes Jahr im September der Volto Santo gefeiert, auch Festa della Croce genannt (auf Deutsch »Heiliges Antlitz« oder »Fest des Kreuzes«). Die Zeremonie, die am 13. beginnt und am 14. endet, ist offiziell einem Kruzifixus gewidmet, dessen Herkunft, wie sich das gehört, mythisch und unglaubwürdig ist – und eben deswegen mit Inbrunst geglaubt wird: Das Kreuz mit Gekreuzigtem, das sich in der Marmorkapelle der Kathedrale San Martino befindet, soll aus einer Zeder des Libanon geschnitzt worden sein, nicht etwa in Lucca, sondern in Jerusalem vom heiligen Nikodemus, dem freundlicherweise die Engel bei der Arbeit halfen. Als das Kreuz 782 im Hafen von Luni auf einem herrenlosen Schiff gestrandet war, sorgte selbstredend wieder ein Wunder dafür, dass ein herrenloser Karren, gezogen von gottgelenkten Ochsen, das Kruzifix zu den Lucchesen transportierte.

Ein solches Objekt der Anbetung muss seine Kraft natürlich durch Wunder beweisen, und die bewirkte es angeblich auch. Ein fahrender bettelarmer Geiger wurde im Mittelalter aufgegriffen, einen der silbernen Schuhe im Gepäck. Sein gotteslästerlicher Frevel schien unwiderlegbar zu sein, er aber beteuerte seine Unschuld: Er habe vor dem Volto Santo gespielt, und da habe der hölzerne Gekreuzigte den Schuh abgeworfen.

Vorherige Doppelseite:
Japanische Visionen: In der Dämmerung erlebte Puccini an seinem geliebten Massaciuccoli-See Stimmungen, wie er sie in »Madame Butterfly« beschwor.

Gegenüber:
Spektakel in Gottes Namen: In San Michele (hier die Fassade) wie in den anderen Kirchen Luccas wurde geistliche Musik mit weltlichem Pomp inszeniert. Denn die Lust am Theatralischen war hier immer zu Hause.

Warum, weiß keiner, aber dem Bettler wird auf dem Weg zum Galgen ein Umweg erlaubt und eine letzte Chance gegeben: Ein zweites Mal spielt er zum Holzerweichen vor dem Kruzifixus – und da wirft er den zweiten Schuh ab.

Wenn die Legende manchem verdächtig bekannt klingt, denn sie ist in fast allen katholischen Ländern in unterschiedlichen Varianten vorhanden, so widerlegt das in den Augen der Gläubigen keinesfalls jenes Wunder. Zumal ihnen das jenes *theatrum sacrum*, jenes heilige Theater, erlaubt, das mit ungeheurem Aufwand Jahr für Jahr zelebriert wird. In den reichsten ihrer Festgewänder ziehen hinter dem Bischof von Lucca im golddurchwirkten Ornat alle hohen Geistlichen, samt prominenten Gästen aus dem Vatikan, gefolgt von festlich kostümierten Beamten und Militärs, am Vortag des Festes von der Kathedrale im Süden der Stadt nach San Frediano im Norden. Am 14. wird das Objekt des Wunderglaubens mit demselben Pomp wieder zurückgebracht. Und nahezu jeder spielt eine kleine Rolle in jenem frommen Theater, und sei es nur als Beleuchter. Lucca leuchtet auch nachts im Glanz einer Metropole an diesen beiden Tagen, denn alle Häuserfassaden werden mit Kerzen illuminiert. Es stört keinen, dass nach dem Fest das Straßenpflaster rutschig ist wie Glatteis vom heruntergetropften Wachs.

Die Stadt braucht und liebt jene Oper in Gottes Namen, und jede Reduktion würde als Schändung eines Denkmals verstanden. Es erscheint nur konsequent, dass jahrhundertelang zu diesem Anlass eine überreiche Festmusik komponiert wurde, die so genannten *mottettoni*, zu Deutsch: große Motteten. Diese monumentalen Kantaten für Soli, gemischten Chor und Orchester, an der mindestens zweihundert Musiker mitwirkten, besaßen etwas Opernhaftes. Und keiner der Geistlichen empfand jene weltliche Üppigkeit als Widerspruch zur geistlichen Askese.

Dass San Martino wie San Marco in Venedig mit dem satten Klang von zwei Orgeln prassen kann, die einander im Kirchenschiff gegenüberliegen, verpflichtete geradezu, auch zwei Chöre und zwei Orchester gegeneinander antreten zu lassen und wie in einem venezianischen *Concerto grosso* die Zuhörer mit ihrem klanglichen Wettkampf zu berauschen.

Spielplatz der Antike: Nur die Form der Piazza del Mercato, auch Anfiteatro, in Lucca erinnert noch daran, dass sich hier ein römisches Amphitheater befunden hatte.

Die geistliche Musik mit Sinnlichkeit anzureichern, den geraden Strukturen der Messe aufregende Kurven zu geben und den heiligen Gestalten warmen Lebenssaft in die Adern zu jagen, das war im 19. Jahrhundert vielen italienischen Komponisten noch immer so sehr ein Bedürfnis, dass der Papst es für nötig befand, ein Machtwort zu sprechen: In einem Motuproprio verbot Pius X. 1904 die Komposition und Aufführung der *Mottettoni*. Doch damals war Puccini schon zum erfolgreichsten Komponisten des Landes, zu einem der größten weltweit avanciert, und keiner konnte mehr die Erinnerung an die Pracht und Üppigkeit der *Mottettoni* aus seinem Gedächtnis löschen.

Das Theatralische gehörte für Giacomo Puccini von Anfang an zur Musik. Was er mit sechzehn, siebzehn Jahren an Orgelmusik komponierte, war für den Gottesdienst gedacht, aber eher für die Bühne geeignet. Besonders in die *Marcia*, die gespielt wird, wenn die Gemeinde aus der Kirche auszieht, baute er hemmungslos Motive aus den gerade besonders beliebten Opern ein, die so sehr Gassenhauer waren, dass auch in Zeiten ohne Radio und Grammophon ein guter Teil der Gläubigen sie wieder erkannte. Zum Beispiel seine Schwester Iginia, damals bereits Novizin, die das keineswegs amüsant fand. »Du versuchst, das Theater in die Kirche zu tragen«, schimpfte sie. Giacomo ließ sie schimpfen.

Das Dramatische faszinierte ihn, nicht das Sinfonische, auch wenn er seine brillante Abschlussarbeit in Mailand treffend »Capriccio sinfonico« benannte; wie viel darin an Opernhaftem steckte, ist leicht zu beweisen – Puccini verwendete viele Passagen daraus später in seinen Bühnenwerken. Mit halbkriminellen Machenschaften versuchte er das zu verheimlichen, klaute sogar die Prüfungsarbeit aus dem Archiv des Konservatoriums, denn er wusste genau: Italiens Opernpublikum reagierte ausgesprochen böse, wenn es einem Komponisten auf die Schliche kam, der sich bei sich selber bedient hatte.

Für die Oper war er zu jedem Opfer, zu jedem Kraftakt bereit. Angeloni, sein Lehrer in Lucca, hatte ihm Appetit gemacht auf die Oper seiner Heimat, was damals hieß: mit den Opern Verdis. Die Partituren von »Rigoletto«, »Il Trovatore« und »La Traviata«

waren es, die ihn hungrig werden ließen auf ein wirklich großes Opernerlebnis. Und um seinen Hunger zu stillen, wanderte er im Frühling 1876 sechzig Kilometer zu Fuß: dreißig Kilometer von Lucca bis Pisa und dreißig Kilometer zurück. Denn am 11. März wurde in Pisa Verdis »Aida« aufgeführt, und weder Giacomo noch seine Freunde hatten das Geld, neben der Eintrittskarte auch noch eine Fahrkarte zu bezahlen. Für Giacomo bedeutete jene »Aida«-Premiere ein Offenbarungserlebnis: Nicht Gott, sondern die Menschen, nicht das Abstrahierte, sondern das Sichtbare, nicht das Erhabene, sondern das Greifbare entdeckte er als seine Welt. Auf dem Rückweg von Pisa schüttelte er die Tradition seiner Ahnen ab und beschloss, nicht Kirchenmusiker, sondern Opernkomponist zu werden.

»Ich bin ein Theatermensch«, bekannte er.

»Ich mache Theater und ich bin ein visueller Mensch. Ich sehe die Personen, die Farben und die Gesten der Gestalten. Wenn es mir – ganz zurückgezogen – nicht gelingt, die Szene vor mir zu sehen, dann schreibe ich nichts, dann kann ich keine einzige Note zu Papier bringen.« Und seine Selbsteinschätzung wurde von demjenigen bestätigt, dessen Wort für Puccini am meisten wog: Verdi, sein Idol, erklärte, der junge Kollege Puccini besitze »theatralisches Gespür«. Erfahren haben dürfte er das aber wohl kaum, denn die vielen Essen, zu denen laut Giulio Ricordi, Verleger von Verdi wie von Puccini, der Opernkönig den Kronprinzen oft eingeladen haben soll, waren eine Marketing-Erfindung. Ricordi verbreitete das Gerücht mit der strategisch schlauen Absicht, allseits zu suggerieren, Verdi selbst habe Puccini als seinen legitimen musikalischen Erben anerkannt. Ein Bühnenschwindel, den Puccini durchaus gutgeheißen haben wird.

Die Liebe zum Theatralischen bedingt eine Passion für die Inszenierung. Und auch wenn Puccini ins Stottern geriet, sobald er eine offizielle Ansprache zu halten versuchte, auch wenn er repräsentative Anlässe sein Leben lang so konsequent mied wie

Im richtigen Licht, aber falsch verstanden: Puccinis Porträts zeigen ihn als einen gut aussehenden, aber blasierten Mann. Doch er war scheu, suchte Nähe, Wärme und Verständnis.

Entsagung, auch wenn er jammerte über Galas und Bankette, so setzte er sich gekonnt und wirksam in Szene.

Der kaffeebraune Anzug seines ersten großen Auftritts bei der Uraufführung von »Le Villi« muss für ihn eine Folter gewesen ein, denn sein Sinn für Ästhetik war seinen finanziellen Verhältnissen in der Entwicklung weit voraus. Verdi sagte von sich: »Io sono un contadino« – Ich bin ein Bauer. Puccini wollte zwar inmitten von Bauern leben, aber sich deutlich von ihnen unterscheiden, eben keiner von ihnen sein. Kein Freizeit-Bauer, sondern ein Städter unter Bauern. Kein Einheimischer, sondern ein Zugereister, kein Anspruchsloser, sondern ein Anspruchsvoller. Dass jenes Denkmal, das nach Puccinis Tod bei seiner Villa in Torre del Lago aufgestellt wurde, ihn im Staubmantel mit hochgeklapptem Kragen zeigt, ist treffend. Und obwohl er als vermögender Prominenter in vielem geizig war, vielleicht geplagt von einem kindheitsbedingten Verarmungswahn, sparte er nie an teurer Garderobe, den Bühnenkostümen seiner Selbstdarstellung. Als stünde er auf einem Sockel, so erlebten ihn die Leute in Torre del Lago: kein Mitbürger zum Anfassen, sondern einer zum Anbeten. »Der Doge« nannte sein Verleger Giulio Ricordi ihn, weil er immer mit jenem fast blasierten Ausdruck auftrat, der Distanz signalisierte. Die Lider halb gesenkt, vielleicht um den Fehler des linken Lids zu verbergen, die Wangen, der Mund, die ganze Mimik bewegungslos. Zu seiner gekonnten Selbstinszenierung gehörte ein Fundus an Kostümen des Alltags. Fünf- bis sechsmal am Tag soll er sich umgezogen haben, denn die Kleidung musste genau dem Anlass entsprechen. Es gab eine windschnittige Aufmachung für Autofahrten, ein Jagdhabit, eine Ausstattung fürs Angeln, eine für den entspannten Abend mit Freunden, natürlich den Frack für die Gala, und für einen Empfang am Nachmittag den dezenten grauen Anzug nebst grauen Seidensocken, schwarz-weißer Krawatte und schwarz-weißen Handschuhen, alles abgestimmt auf das graue Haar und den schwarz-weiß melierten Schnurrbart. Alma Mahler-Werfel, die sich nach all ihren Verehrern, Liebhabern und Ehemännern Alma Klimt-Zemlinsky-Mahler-Pfitzner-Kokoschka-Gropius-Werfel hätte nennen können, schrieb in ihren Erinnerungen »Mein Leben« gleich zweimal:

»Puccini war einer der schönsten Männer, denen ich je begegnet bin.« Begegnet ist sie ihm in New York, als »La Fanciulla del West« dort aufgeführt wurde. Und damals war Puccini bereits Anfang fünfzig. Ein großer Mann mit leicht geröteter Gesichtshaut, leisem Weltschmerz im Blick, der etwas altmodisch wirkte, und einem Bauch, der auch mit perfekt geschnittenen Westen nicht ganz wegzumogeln war. Aber Puccinis ganze Erscheinung widerlegte das Klischee, bei einem Genie müsse selbst noch Verwahrlosung hingenommen werden als Knochenbeiwage der Göttlichkeit. Der Schriftsteller Ugo Ojetti schrieb über eben jenen Puccini, der die Fünfzig bereits hinter sich hatte, es beeindrucke ihn, dass »er sich nicht wie ein Genie kleidet, nicht wie ein Genie spricht und weder die finstere Miene noch die Mähne eines Genies hat«. Puccini hatte kein Problem damit, nach Verdis Tod als Italiens größtes Genie zu gelten und zugleich als Italiens bestgekleideter Mann. Selbst bei Schnappschüssen auf den Straßen von Viareggio, wo er im Beiwagen eines motorisierten Fahrrads saß, warf er sich noch in Pose.

Genuss war Puccini nur möglich, wenn alles stimmte. Die Kulissen, das Bühnenbild, die Kostüme seiner täglichen Existenz. Aber das wollte er selbst gestalten. In fremden Inszenierungen fühlte er sich äußerst unwohl.

Die Ablehnung der Etikette und des Salon-Schicks bedeutete bei Puccini aber keineswegs eine Ablehnung des Repräsentativen. Und seine Neigung, sich zurückzuziehen, durfte keiner verwechseln mit Verweigerung des Modernen, des Fortschrittlichen. Ganz im Gegenteil. Dass er zu Lebzeiten bereits zu einer Kultfigur avancierte, hatte er durchaus sich selbst zu verdanken. Puccini war auf plakative Weise technikversessen. Den dritten Führerschein, der in Italien ausgestellt wurde, machte er, das erste Auto im Bezirk Lucca fuhr er, und das auf einsamen Landstraßen in der stillen Maremma. Die schnellsten Motorboote steuerte er – auf dem verschlafenen Massaciuccoli-See oder einem der verschwiegenen Kanäle Richtung Meer. Die erste künstliche Regenanlage in der Toskana installierte Puccini – und spazierte mit einem Schirm in der Hand durch seinen besprengten Garten. Ob bewusst oder unbewusst machte Puccini sich gerade durch das Widersprüchliche zu einer aufsehenerregenden Figur. Da war der Wider-

Ironisch dynamisch: An seinen Verleger Tito Ricordi schickte Puccini aus Torre del Lago dieses Porträt, das ihn mit selbstzweifelndem Blick als Capitano seines Ein-Mann-Motorbootes zeigt.

spruch zwischen seiner Schüchternheit und seiner Grandezza, zwischen seiner Lust an der Stille und seiner Lust am Lauten, zwischen seiner Sehnsucht nach Ruhe und seiner Sehnsucht nach Geschwindigkeit. Kaum ein Komponist wusste sich besser in Szene zu setzen als Puccini. Es war, als sei das Theatralische Teil seines Wesens, denn wo immer er auftrat, wurde er zum Mittelpunkt. Dass er einer der meistfotografierten Menschen seiner Zeit war, störte ihn bei aller Liebe zur Abgeschiedenheit keineswegs. Und jede seiner Schwächen verwandelte sich in eine Stärke: Seine fast starre Mimik erschien nobel – »der Doge« hatte Ricordi ihn ja genannt, seine Gehemmtheit vornehm, seine Ländlichkeit elitär, seine eitle Pedanterie lässig. Puccini war ein Selbstdarsteller, der keiner sein wollte. Er selbst hat behauptet, das Merkmal seiner Opern sei die Genauigkeit.

»Ich liebe die kleinen Dinge«,

hat er gesagt. »Und ich kann und will nur die Musik der kleinen Dinge machen … wenn sie wahr, leidenschaftlich und menschlich sind und zu Herzen gehen.« Die kleinen Dinge waren ihm lebenswichtig, weil er wusste, wie sehr es auf sie ankommt. In der Musik, in der Kleidung, im Umgang, in der Küche. Weil er für die Arbeit an »Madame Butterfly« mehr über japanische Tonkunst wissen wollte, schloss er Freundschaft mit der Frau des japanischen Botschafters in Italien. Frau Ohyama erzählte, sang ihm japanische Lieder vor, ließ ihm Noten und um die hundert Schallplatten aus ihrer Heimat schicken. Er beschaffte sich Aufzeichnungen von japanischer Volksmusik, vertiefte sich in eine »Collection of Japanese Kôto Music« und bat Sado Jacco, eine japanische Schauspielerin, die er in Mailand traf, zu ihm in ihrer Muttersprache zu reden, um deren Melodik und Rhythmik zu verinnerlichen. Später kümmerte er sich, der »Turandot« wegen, mit derselben Intensität um chinesische Musiktraditionen. Und als er die »Suor Angelica« (»Schwester Angelika«), das zweite Stück von »Il Trittico«, komponierte, hielt er sich öfter als je zuvor im Kloster von Vicopelago auf, wo seine Lieblingsschwester Iginia Mutter Superior war, um die Klänge, Geräusche, Weihen und Zeremonien des geistlichen Lebens exakt kennen zu lernen.

Weil er für die »Tosca« den Klang des Morgengeläuts in Rom kennen wollte, reiste er dorthin und erstieg, bevor der Tag aufging, das Plateau der Engelsburg. Der Chormeister der Peterskirche, Signore Maluzzi, musste ihm die exakte Tonhöhe des *Campanone*, der größten Glocke dort, verraten. Und dieses tiefe E ging in die Oper ein. Der Dominikanerpater Pietro Panichelli hatte ihm die Noten zu der Choralmelodie zu besorgen, auf die in Roms Kirchen das »Te Deum« gesungen wurde. Der Schriftsteller Victorien Sardou schlampte beim Rom-Finale der »Tosca« derart, dass Puccini sich wütend bei Giulio Ricordi beschwerte: »Beim Skizzieren des Hintergrundes wollte Sardou, dass man den Tiber zwischen Sankt Peter und dem Kastell hindurchfließen sieht! Ich habe ihn darauf aufmerksam gemacht, dass der Fluss auf der anderen Seite fließt, unterhalb. Und er, ruhig wie ein Fisch, erwiderte: Ach, das macht doch nichts! Eine schöne Type voller Leben und Feuer, voller historisch-topographisch-geographischer Ungenauigkeiten!«

Atmosphäre lässt sich nicht durch vage Eindrücke heraufbeschwören, sondern durch Genauigkeit der Beobachtung. Und Stil entsteht nicht durch Zufall, sondern durch Bewusstheit bis ins Kleinste. Diese Einsicht führte Puccini höchst fotogen vor. Zum grauen Anzug steckte Puccini immer ein graues Seidentaschentuch ein und zog graue Socken an, und es schien ihm keine Mühe zu machen, sich fünfmal am Tag umzuziehen, damit seine Kleidung zur Stimmung und zur Situation passte.

Genießen mit Puccini heißt, dem Detail große Sorgfalt zu widmen. Und es heißt, das Ländliche nicht mit dem Derben zu verwechseln, das Einfache nicht für anspruchslos zu halten, die Heimatliebe nicht für Provinzialität. Puccini war es wichtig, einen Montag in einem Kaff ohne Zuschauer so perfekt zu gestalten, als sei es der große Auftritt in dem Mailänder Teatro alla Scala. Denn er nahm das Theatralische niemals leicht. »Das lebendige und gesunde Theater«, schrieb er mit zweiundsechzig Jahren an den Librettisten Adami, »ist eine verteufelt schwierige Angelegenheit.« Dass es im Deutschen heißt: Der Teufel stecke im Detail, hätte ihm eingeleuchtet.

Folgende Doppelseite:
Befeuert von Traditionen: Puccini liebt es, in seiner Heimat traditionelle Küche zu riechen und zu schmecken. An solche vergessenen Rezepte und Bräuche erinnert das leider allzu wenig bekannte ›Museo del Castagno‹ in Colognara.

Secondi Piatti di pesce

Hauptgerichte mit Fisch und Meeresfrüchten

Anguilla del Serchio al Zimino

Aal aus dem Serchio in Zimino

Zutaten

1 kg Aal
5 EL Olivenöl
2 Zwiebeln, geschält und fein gehackt
2 Stangen Staudensellerie, abgezogen und fein gehackt
2 Knoblauchzehen, geschält und fein gehackt
Blätter von 1 Bund Petersilie, gehackt
Blättchen von 2 Zweigen Rosmarin, gehackt
300 g Tomaten, überbrüht, enthäutet, entkernt und gewürfelt
Schale von $1/2$ unbehandelten Zitrone
$1/2$ Glas Weißwein
2 EL Weizenmehl
Salz, Pfeffer aus der Mühle

Zubereitung

Den Aal waschen, gut trocknen und in 7 bis 8 cm lange Stücke schneiden. Beiseite stellen.

Das Öl in einem großen Topf erhitzen und Zwiebeln, Sellerie und Knoblauch darin anbraten. Petersilie, Rosmarin und die Zitronenschale dazugeben und kurz mitbraten. Die Tomaten und den Wein zugeben, etwas einkochen und 5 Minuten köcheln lassen. Die Aalstücke in Mehl wenden und in die Pfanne mit der Sauce legen. Alles 10 Minuten kochen. Pfeffern, salzen und heiß servieren.

Cacciucco alla Viareggina

Cacciucco nach Art von Viareggio

Zutaten

- 1 kg Seppie und Oktopus oder Calamari
- 1,5 kg gemischter Mittelmeerfisch (z. B. Seeaal, Drachenkopf, Seezunge), vom Fischhändler schuppen und ausnehmen lassen, und Krustentiere wie Shrimps oder Garnelen
- 1/8 l Olivenöl extra vergine
- 4 Knoblauchzehen, geschält und in feine Scheiben geschnitten
- 2 Chilischoten
- 1/2 l trockener Weißwein
- 1 kg reife Tomaten, überbrüht und enthäutet, entkernt und gewürfelt
- Salz, Pfeffer aus der Mühle
- Weißbrot, in Scheiben geschnitten
- Knoblauchzehen, geschält

Zubereitung

Die Fische waschen, von den Flossen befreien, die Krustentiere putzen. Den Seeaal und den Tintenfisch in mundgerechte Stücke schneiden, alle anderen Fische ganz lassen.

Das Öl in einem großen Schmortopf erhitzen. Den Knoblauch und die Chilischoten darin anbraten. Wird der Knoblauch goldbraun, die Tintenfische zugeben und unter dauerndem Wenden mitbraten, bis sie Farbe annehmen.

Nun mit Weißwein ablöschen. Ist er verdampft, die Tomaten zugeben und bei starker Hitze auf die Hälfte einkochen, dabei immer wieder umrühren. Etwa 1/2 Liter Wasser zugeben. Das Ganze salzen, pfeffern und bei geringer Hitze – zugedeckt – etwa 40 Minuten köcheln lassen. Die restlichen Fische hineingeben, 20 bis 25 Minuten mitgaren. Den Topf vom Herd nehmen und den *cacciucco* 10 Minuten ziehen lassen.

Die Brotscheiben mit Knoblauch einreiben, tiefe Teller damit auslegen und den *cacciucco* darauf geben. Jeder tranchiert den Fisch auf seinem Teller selbst.

Ciortoni al pomodoro
Makrelen mit Tomaten

Zutaten

1 kg kleine Makrelen, ausgenommen, filetiert, gewaschen, getrocknet und enthäutet
etwas Mehl
10 EL Olivenöl extra vergine
2 mittelgroße Zwiebeln, geschält und fein gewürfelt
Blätter von 1 Bund Petersilie, fein gehackt
600 g frisch ausgepulte Erbsen, zur Not Tiefkühlerbsen
600 g reife Tomaten, enthäutet, entkernt und gewürfelt
Salz
Pfeffer

Zubereitung

Die Makrelenfilets in Mehl wenden. Das Olivenöl in einer hohen Pfanne erhitzen und die Makrelenfilets darin anbraten, bis sie Farbe haben, dann entnehmen und zur Seite stellen. Im Bratfett die Zwiebeln golden braten, die Petersilie bis auf einen kleinen Rest und die Erbsen zugeben und auf kleiner Flamme zugedeckt ca. 10 Minuten schmoren; wenn nötig, etwas Wasser angießen. Dann die Tomatenwürfel zugeben, salzen, pfeffern und nochmals 15 Minuten schmoren; nun die Makrelenfilets darauf betten und alles zusammen bei sehr geringer Hitze noch 5 weitere Minuten garen. Mit der restlichen Petersilie bestreut zu frischem Brot servieren.

Makrelen sind auch hierzulande billig, aber den meisten nur als fetter Räucherfisch, auf bayrischen Volksfesten Steckerlfisch, geläufig. In Italien sind sie als frische Fische beliebt, ob sie nun *sgombri*, *macarelli* oder, wie in Puccinis toskanischer Heimat, *ciortoni* heißen. Am besten lassen Sie sich vom Fischhändler die Makrelen vorbereiten.

Sardine rifatte
Frittierte Sardinen in Sauce

Zutaten

3 Eier
Saft von 2 Zitronen
Salz und Pfeffer
12 frische Sardinen, filetiert,
 von Kopf und Schwanz befreit,
 gewaschen und getrocknet
etwas Mehl
Öl zum Frittieren
Für die Sauce:
6 EL Olivenöl
6 Knoblauchzehen
6 reife Tomaten
2 getrocknete Chilischoten
Blätter von 1 Bund Petersilie
Blätter von 1 Bund Minze (erst
 im letzten Moment hacken!)
nach Geschmack ca. 3 EL in
 Salz eingelegte Kapern
Salz, Pfeffer aus der Mühle

Zubereitung

Eier, Zitronensaft, Salz und Pfeffer verquirlen. Die Sardinen durch diese Mischung ziehen und dann in Mehl wenden.

Das Öl in einer hohen, großen Pfanne erhitzen und die Sardinen darin in ca. 5 Minuten kross und goldbraun backen. Zur Seite stellen.

In einem Topf das Olivenöl erhitzen, den klein gehackten Knoblauch darin golden braten, die Tomaten (vorher enthäutet, entkernt und gewürfelt) und die Chilischoten zugeben, salzen, pfeffern und bei geringer Hitze zugedeckt köcheln. Nun die gehackte Minze und Petersilie in den Topf geben und weitere 10 Minuten köcheln. Kapern hinzufügen und dann die Sardellen.

5 Minuten in der Sauce ziehen lassen und lauwarm servieren.

Die Liebe zur Heimat

Vom Reichtum der Beschränkung

Der Gast hatte alles verdorben. Mit einem einzigen Wort. Dabei hatte es doch so gut ausgeschaut, nach ein paar entspannten Tagen in Torre del Lago. Dann aber äußert sich Luigi Illica, eigentlich ein friedfertiger Mann, den der Gastgeber nicht nur als Dichter und Librettisten schätzt, abfällig über die »Dreckpfütze« vor dem Haus. Womit der Massaciuccoli-See gemeint ist, für den Hausherrn Puccini das schönste Gewässer auf dem Planeten. Er reagiert auf die Bemerkung, als habe sein Gast ihn selbst beschimpft. Die Idylle ist zerschlagen. Puccini ist erbittert, wütend, nicht mehr bereit, mit Illica zu reden.

Dem ist diese Reaktion seines Freundes ein Rätsel: Warum vergöttert Puccini, der seine Eleganz bis zu den Schuhspitzen poliert und eine Musik schafft, die voller Raffinesse und Delikatesse ist, dieses Landleben ohne wirkliche Schönheit? Warum verklärt er diese sumpfige Salzwasserlagune, diese stechmückenreiche, reizlose Gegend?

Puccini hat einen wichtigen Wesenszug mit Verdi, seinem großen Vorbild, gemeinsam: Auch wenn seine Vorfahren Musiker waren, besitzt Puccini, wie der Bauernsohn aus Roncole, eine starke Bodenhaftung. Abzuheben ist ihm unheimlich, sogar zuwider. In jeder Hinsicht. Lange hatte er sich zum Beispiel um den umschwärmten Gabriele d'Annunzio als Librettisten bemüht, war dann aber zurückgezuckt, als alles zu klappen schien. »Oh Wunder über Wunder! D'Annunzio mein Librettist! Aber nicht einmal für alles Geld der Welt.

Zu viel trunkene Feinsinnigkeit – ich will auf dem Boden bleiben.«

Und jene Bodenständigkeit ist durchaus wörtlich zu nehmen. Dass Albert Einstein in Ulm zur Welt kam und Marie Curie in Warschau, spielt für ihre Arbeit eine eher unwesentliche Rolle. Aber dass Vivaldi aus Venedig stammt, Mozart aus Salzburg, Johann

Strauß (der Vater wie der Sohn) aus Wien und Verdi aus der Emilia Romagna, das hat Bedeutung. Denn auch Genies werden beeinflusst von den Traditionen vor Ort, von den Liedern, die sie von Kind an hören, vom Klang der Glocken und der örtlichen Musikkapellen, von der Melodie des Dialektes und dem Klang des Alltags. Das Gedächtnis der Musik lebt in ihnen. Und Puccini ist unüberhörbar Luccheser oder zumindest ein Mensch aus der Toskana. Er brauchte seine Heimat, um ein Weltstar zu werden. Er blieb als Weitgereister ein Mann, der seine Wurzeln pflegte. In seinem Nachruf legte sein alter Luccheser Freund, der Apotheker Alfredo Caselli, eben darauf besonderen Wert: »Puccini war ein Toskaner von alter Rasse, jenem etruskischen Stamm entsprossen, welcher gewohnt ist, klar zu leben, klar zu denken – mit einer Klarheit, welche die wunderbare Landschaft der Toskana ihren Kindern einprägt. Dieses Volk hat einen Wirklichkeitssinn für das Leben, selbst für das geistige, einen Wirklichkeitssinn, der nicht abstrakt, sondern durchaus praktisch orientiert ist.« Die Toskaner, heißt es bis heute, verfügten über eine einmalige Mischung aus Stolz und Bodenständigkeit, aus Weltläufigkeit und Heimatverbundenheit. Niemand bewiese das überzeugender als Puccini.

An eben jenen Alfredo Caselli hatte er am 10. Mai 1898 aus Frankreichs Hauptstadt geschrieben: »Ich habe die Nase voll von Paris. Ich lechze nach dem wohlriechenden Wald mit seinen Düften, ich sehne mich nach der Bewegungsfreiheit meines Bauchs in weiten Hosen, ohne eine steife Weste, ich lechze nach dem Wind, der frei und wohlriechend vom Meer her weht, ich möchte mit geblähten Nüstern aus vollen Lungen die salzige Luft einatmen!

Ich hasse das Pflaster!

Ich hasse Paläste!

Ich hasse große Städte!

Ich hasse Säulen!

Ich liebe die herrlichen Säulen der Pappel und der Tanne, die schattigen Lichtungen, wo ich, wie ein moderner Druide, meinen Tempel, mein Haus, mein Studierzimmer

Vorherige Doppelseite:
Die Kluft überbrücken: Puccini hat es bewältigt, Heimatliebe und Weltläufigkeit zu verbinden, ein Kosmopolit zu sein und doch ein bekennender Toskaner. Solche alten Steinbrücken über den Serchio liebte er allerdings mehr als die Tower Bridge oder den Pont Neuf.

Zuflucht eines Prominenten: Die Garfagnana, speziell die Gegend um Pescaglia, aus der seine Familie stammte, brachte Puccini zu sich – und auf geniale kompositorische Ideen.

haben möchte. Ich liebe die grünen, kühlen Laubdächer in alten und jungen Wäldern. Ich liebe die Amsel, den Dompfaff, die Grasmücke, den Specht!

Ich hasse das Pferd, die Katze, den Spatz auf dem Dach und den Schoßhund! Ich hasse den Dampfer, den Zylinder und den Frack.«

In kaum einer Stadt, abgesehen von Mailand, hielt er es länger aus. Aus Manchester schrieb er entnervt, er hasse jenes »Land des schwarzen Rauchs, der Finsternis, der Kälte, des Regens, der Baumwolle (aber wehe dem, der keine Wolle trägt!) und des Nebels. Ein wahres Inferno! Ein schrecklicher Ort!«

Für Engländer wie Österreicher, Deutsche, Franzosen wie Amerikaner besaß Puccini eine starke *italianità*. David Belasco, Theaterautor und -produzent in London, war davon befremdet. Als Puccini, der dort Belascos Drama »Madame Butterfly« auf der Bühne erlebt hatte, danach zu ihm in die Garderobe kam und bat, diesen Stoff vertonen zu dürfen, umarmte er den überraschten Bühnenautor. »Ich habe sofort zugestimmt«, erzählte Belasco, »und ihm auch zugestanden, das er alles mit mir machen könne, was er wolle, und dass er jede Art von Vertrag aufsetzen könnte, denn man kann doch keine Geschäftsbedingungen aushandeln, wenn einem ein impulsiver Italiener, der Tränen in den Augen hat, beide Arme um den Hals schlingt.«

Heimat ist dort, wo wir keine Angst haben. Dort, wo wir uns verstanden fühlen, wo wir Trost suchen und, sind wir erschöpft, neue Kraft. Und die suchte Puccini in der Musik und in jenem Teil der Toskana, in dem seine Vorfahren seit fünf Generationen schon als Musiker gewirkt hatten.

Seine Heimat war die Toskana zwischen Abetone im Norden und Pisa im Süden, dort aber sind es viele Heimaten gewesen, Heimaten auf Zeit. Denn Puccini kaufte und baute Häuser mit einer Besessenheit, die in Italien als *mal di pietra*, als Steinbrockenkrankheit, belächelt wird. Puccini liebte seine Gehäuse aus unterschiedlichen Gründen. Die einen wie seine Villa in Torre am damals stillen See oder auch die Villa im mondänen Viareggio, verborgen im Pinienhain, weil sie ihm täglich wortlos verkündeten: Du bist angekommen, du hast es geschafft, bist kein Bohemien mehr, sondern ein

Bürger. Aber du hast dir einen Platz ausgesucht, wo sie dich in Ruhe lässt, diese entnervende Gesellschaft, die sich die gute nennt. Und wo du mit Freunden zusammen sein kannst, ohne dich an Etikette und andere lästige Vorschriften zu halten.

Häuslichkeiten in der Bergeinsamkeit wie das Natursteingemäuer in Abetone, das niedrige Haus in Celle oder den Ziegelsteinbau in Chiatri liebte er, weil sie seiner Jägernatur zumindest gewisse Grenzen setzten. Und seine Lust auf Nebenwege, Seitenwege, Abwege in Schranken wies. Es waren Häuser, die von ihrer Unwirtlichkeit umgeben wurden wie von einer riesigen Mauer. Und dorthin zwang er sich ab und zu, wenn er spürte, dass er im Kreis der Saufkumpane nicht mehr weiterkam. Oder auch wenn er ein Projekt erst anschieben musste, eintauchen wollte in eine völlig neue Atmosphäre. An allen seinen Häusern aber liebte er ihre Unverwechselbarkeit. Auch die der Geschmäcker und Gerüche, die zu ihnen gehörten.

Handwerk mit kupfernem Boden: Im Ristorante ›Buca di Sant'Antonio‹ im Herzen Luccas wird die Kunst der Cucina povera gepflegt, die an Aromen so reiche Küche der preiswerten Mittel. Maronenmehltorte, Kircherbsenbrei, Lauchtörtchen, ein lucchesischer Makkaroni-Auflauf, Zuppa frantoiana oder Lamm mit Oliven.

Lucca

Selbst enge und kluge Freunde wunderten sich über das gespaltene Verhältnis Puccinis zu seiner Heimatstadt. Da behauptete er, Lucca zu hassen, weil sie ihn vertrieben hatte mit selbstgerechter Moral. Und dann nutzte er jede Gelegenheit, dort aufzutreten, aber nur, um in Windeseile wieder zu verschwinden.

Bei Premieren seiner Opern war er ebenso zugegen wie bei den Abendessen seiner alten Luccheser Freunde. Da war er vor Lucca und vor den Menschen dort geflohen nach Torrre del Lago, um vom ersten richtigen Geld, das die »Manon« bescherte, sein Elternhaus in Lucca zurückzukaufen. Da erklärte er, wie sehr ihn das Heimweh peinige nach diesen »rissigen vier Wänden« in der Via di Poggio, doch bewohnte er sie niemals mehr.

War Lucca ihm nun Heimat oder Fremde, Vertraute oder Feindin?

Verdi hätte seinen jungen Kollegen verstanden. Wie Puccini war auch er ausgerechnet dort verletzt und verhetzt worden, wo er meinte, die Geborgenheit stünde ihm zu: in seiner Heimatstadt. Wie Puccini wegen seiner Liebschaft mit Elvira, Ehefrau und

Mutter zweier Kinder, aus Lucca vertrieben worden war, hatte man Verdi wegen der Liebschaft mit Giuseppina, Mutter von zwei, manche behaupteten sogar drei unehelichen Kindern, aus Busseto gejagt.

Beide konnten und wollten dies jener Stadt, die sich später ihres Sohnes rühmte, nie vergessen. Eine durchaus verständliche Reaktion. Denn wer sich Mutter nennt und das Kind verstößt aus Gründen vorgeschützter Moral, muss sich darüber im Klaren sein, dass damit die Liebe dieses Kindes für immer verloren ist. Verdi verweigerte es, bei der Eröffnung des nach ihm benannten Theaters in Busseto, einer teuren Pralinenschachtel in Gold und rotem Samt, auch nur für eine Minute zugegen zu sein – die Ehrenloge blieb leer. Wie Puccini zeigte er seine Wunde, indem er nie mehr heimkehrte in den Schoß der hartherzigen Mutter. Verdi lebte in Roncole, Puccini in Torre del Lago, also nah genug bei der Geburtsstadt, um ihr zu demonstrieren: Ich brauche und ich liebe diese Welt um dich herum, dich selbst aber brauche ich nicht. Wie Verdi genoss Puccini es wahrscheinlich auch, dass dadurch die Rache offensichtlich wurde und sogar zum Gesprächsthema. Wäre einer von beiden in die Ferne entflohen, hätte es überall achselzuckend geheißen, es habe ihn eben zu neuen Ufern gedrängt. So jedoch wurde deutlich, dass es nicht der Drang in die Fremde war, sondern der Hass auf die Heimat, die Puccinis Wahl des Wohnsitzes bestimmte. Ähnlich quälend wie es einst für den aus Florenz verbannten Macchiavelli gewesen sein musste, vom Garten seines Exils aus groß die Florentiner Domkuppel leuchten zu sehen, war es für die Honoratioren Luccas, ihren Helden, den weltberühmten Puccini, so nah zu wissen und zugleich so unerreichbar. Aufschlussreich ist allerdings, dass Puccini dennoch seiner Geburtsstadt wesensverwandt blieb, so als habe sie ihn eben doch nie aus ihrem Bannkreis entlassen. Dieselben Widersprüche, die seine Geburtsstadt ausmachen, prägten auch ihn.

Die Stadt Lucca hat auch heute, zumindest im Vergleich mit ihrer Schwester Florenz, einen toskanischen, ganz regionalen Charakter, kein internationales Flair. Pracht und Reichtum verbindet keiner mit ihr, trotz der noch heute erhaltenen rund vierzig Paläste, trotz des Anspruchs der Kirchenbauten wie San Michele oder San Frediano. Lucca wirkt in manchem melancholisch, aber dennoch sinnlich. Wer sich in den mittelalterlichen Revieren, in engen Gassen verläuft, empfindet die Stadt als dunkel, sogar ärmlich, wer jedoch die breite Freitreppe des Palazzo Controni-Pfanner hinaufschreitet oder vor den Marmor-Fassaden der Kirchenbauten steht, empfindet sie als reich und strahlend. Puccini selber steckte voll ähnlicher Widersprüche, ohne jedes Interesse, sie aufzulösen. Er stieg aus dem Frack in abgewetzte Jagdhosen um, wechselte aus der dünnen, parfümierten Luft eines Premieren-Banketts in den Dunstkreis seiner Zechkumpane über, hörte sich Zoten an und schrieb gleich danach Arien von der unsterblichen Liebe, kaufte sich in New York ein teures Motorboot und in Torre ein Trikotleibchen für die Nacht, trank in Bayreuth, Wien oder Paris Champagner und zu Hause den einfachsten Morellino. Denn er genoss jene jähen Wechsel als Indiz seiner Freiheit. Und diese Lust am eigenen Widerspruch ist auch ein Kennzeichen seiner Heimatstadt, die hinter harschen Befestigungsmauern die Farbenpracht ihrer Märkte verbirgt und die Genussfreude ihrer Bewohner.

Lucca hat seinen Namen vom keltisch-ligurischen Wort *luk*, was auf Italienisch *luogo di paludi* heißt – ein Ort mit Sümpfen. Das klingt nicht groß, nicht mächtig, und auch heute ist leicht zu erkennen, dass in Lucca das sinnliche Leben wichtiger genommen wird als das intellektuelle.

Freund im Feindesland: Im ›Caffè Di Simo‹ seines Freundes Alfredo Caselli, ganz zentral in der Via Fillungo gelegen, hielt sich Puccini auch dann noch auf, als er Lucca zu hassen beschlossen hatte. Wer es heute besucht, verliebt sich rückhaltlos in das intime Etablissement und seine berühmte Trinkschokolade.

Möglich, dass Lucca für Puccini einen Genuss bedeutete, den uns seine Opern vermitteln: das Bittersüße, das Schmerzlichschöne, das Schmelzendharte. An diesem scheinbaren Widerspruch litt er, und doch wollte er diesen Ort nicht missen, sonst wäre er geflohen, ein für allemal, nach Mailand, Paris oder in die wirklich Neue Welt.

Es gab in Lucca Orte, die er sein Leben lang aufsuchte, weil die Atmosphäre dort ihn liebevoll umfing. Zum Beispiel das Caffè Di Simo, das seinem intimen Freund Alfredo Caselli gehört. Wer es heute besucht, dieses schmale Etablissement in der Via Fillungo,

Zugang zu Puccinis Wesen: Wer das Dorf Celle mit seinen schönen schlichten Häusern aufsucht, hoch oben in den Bergen der Garfagnana, das Puccini ein Leben lang liebte, versteht mehr von dem schweigsamen Maestro.

versteht Puccini sofort. Es ist Höhle, Schoß und Zuflucht in einem, mit seinen dunkel gebeizten Tresen rechts und links, den ebenso dunklen, bleiverglasten Vitrinen, die flüssige Kostbarkeiten bergen wie die Liköre des Hauses oder Vin Santo, mit seinen achteckigen kleinen Tischen und den Holzstühlen mit halbrundem, aber zu niedrigem Rückenteil, in denen jeder unbequem sitzt, was aber keiner zugäbe. Und es dämpft jede Streitlust mit einem Parfum aus Kaffee, Schokolade und dem buttrigen Duft der *crostata*, dieser flachen Mürbteigtorte, in deren Gitterwerk je nach Saison Aprikosen, Brombeeren oder Feigen für die fruchtige Süße sorgen. Lucca war die wärmste und die kälteste, die wichtigste und die schlimmste Heimat des Giacomo Puccini. Los wurde er diese Mutter nie.

Celle bei Pescaglia

Der 26. Oktober 1924 ist ein Sonntag, üblicherweise ein stiller Tag in Celle. Der Himmel über dem Dorf ist bewölkt, aber es ist mild. Die Wälder und Weinberge ringsum leuchten auch ohne Sonne. Nichts lässt ahnen, dass sich hier gleich eine Tragödie in einem Akt ereignen wird. Der Herbst ist die schönste Zeit hier in der Garfagnana, dem weiten Tal, das der Fluss Serchio geschaffen hat, denn die Luft ist prickelnd frisch, nicht kalt und gesättigt vom Geruch der Pilze. Die Maroni wurden schon körbeweise geerntet, und auch die letzten Beeren sind nun gepflückt, süßer als die des Sommers. Aber das alles wissen nur wenige, denn die Garfagnana liegt zwar nah dran an eleganten Badeorten wie Viareggio mit seinen Jugendstilvillen vermögender Sommergäste, nah dran an den Stränden von La Spezia und Forte dei Marmi, und auch nah dran an Luccas praller Lebenslust. Doch es ist zugleich weit davon entfernt, Jahrhunderte, Welten. Die schroffen Gebirgszüge der Apuanischen Alpen trennen diese Gegend von jenen zugänglichen und daher so leicht zerstörbaren Gebieten. Hier, in dem sechsunddreißig Kilometer langen Tal des Serchio, muss alles mühsam erkundet und erschlossen werden, die Dörfer, die Straßen, die Menschen. Nichts bietet sich dar, alles verlangt Überwindung von Hindernissen. Dann erst offenbart es seine Geheimnisse. Das gilt auch für

jenes Celle, ein kleines Dorf bei Pescaglia, nördlich der Pedogna gelegen, einem Seitenfluss des Serchio. Eigentlich gibt es in Celle nur eine Straße, besser gesagt, einen grob gepflasterten engen Weg. Aber an diesem bewölkten Sonntag im Oktober 1924 ist hier die Prominenz unterwegs, lokale, regionale, sogar internationale. Dabei ist nicht viel los; an einem niedrigen Gebäude aus dem 16. Jahrhundert soll eine Gedenktafel aus Marmor angebracht werden. Gestiftet hat sie, das steht auch darauf geschrieben, »die faschistische Gemeinde von Pescaglia«. Der, dem sie gilt, wird anwesend sein, heißt es. Seinetwegen sind alle angereist, seinetwegen haben die Anwohner aus jedem Fenster die Trikolore gehängt, seinetwegen spielt die Musikkappelle von Pescaglia außer den üblichen faschistischen Hymnen eine Fantasie über Motive Puccinis: Der Meister kommt, heißt es.

Er kommt wirklich. Doch mit seiner Ankunft beginnt die Tragödie, denn alle Erwartungen werden enttäuscht und alle Hoffnungen begraben. Jubelnder Stolz? Strahlende Laune? Sprühende Dankbarkeit? Nichts. Blass und stumm sitzt Puccini da, mit einem Blick, als weile er in einer anderen Welt. Nur wenn sich die Kameras auf ihn richten, nötigt der Sechsundsechzigjährige sich ein Lächeln ab, dem anzusehen ist, was es ihn kostet. Dabei weiß jeder im Ort, wie gerne er seit seiner Kindheit hier ein paar Tage, oft auch Wochen verbringt, in dem schlichten schönen Haus seiner Ahnen, das nun mit der Tafel dekoriert werden soll. 1583 wurde es erbaut, wahrscheinlich von einem Puccini. Denn die Puccinis waren wohl einmal Bergbauern, jedenfalls stammen sie aus der Garfagnana, in die der berühmteste von ihnen immer wieder heimkehrte.

Ein paar wenige Häuser, die meisten aus Naturstein gemauert, rundum ungezähmte Natur, Wacholderbüsche, Steinbrech, Teufelskrallen, Ginsterhecken, im Ort dann Gemüsegärten und Hühnerställe, eine alte Schmiede. Es riecht zur Essenszeit deftig, denn der Schweinespeck, der ähnlich wie der berühmte *lardo di Colonnata* mit großem Aufwand hergestellt wird, bildet in dieser Gegend die Basis vieler Gerichte.

Hier, in Celle, ist Puccini so oft zu sich gekommen und zu seiner Arbeit, denn das Vertraute wärmte ihn wie früher der Arm seiner Mutter und machte ihn ruhig.

»Celle!! Mein Traum … Segorta, Concellesi, Lo Specchio, Nali … melodiöse, unvergessliche Namen …«, hatte er 1901 an Ramelde, seine Schwester, geschrieben; »… ich sehe Pástino vor mir, die Weinstöcke über den Grotten, die zertretenen Furchen auf den Feldern, die Orte an den Abhängen der Vetrianohügel, die einsame Villa von Dezza, das Rauschen der Bäche, die zur Pedogna hinabstürzen.

Ich sehe den Ginster vor mir, und genieße dessen Duft.«

Hymnen hatte er ergossen über diese Gegend, in der die Puccinis nach wie vor eigene Weinberge besaßen. Doch nun hockt Giacomo da, als schenke ihm Celle keine Freude, nur Wehmut. Er müsse bald aufbrechen, wird der Festgemeinde gesagt. Ein Weltstar ist eben rastlos, denken sie. Kaum einer weiß, dass Puccini an diesem Tag Abschied nimmt von dem Dorf seiner Ahnen, seines Kindheitsglücks, seines Refugiums. Denn er ahnt, dass er bald sterben wird.

Einen Monat und drei Tage später ist er tot.

Vielleicht hat er bei diesem Festakt, der wie solche Ereignisse immer dem Gefeierten eher peinlich sind als ehrenhaft, an die Sommer gedacht, in denen er es genossen hat, hier kühlere Luft zu atmen als in Lucca, Mailand, Torre, befreit zu sein von Stechmücken und dem Gestank der Kanäle. Vielleicht haben an diesem Tag des Abschieds alte Bilder vor seinem Auge gestanden, Bilder mit ihm und seiner Schwester Ramelde, die wie Giacomo Celle liebte. Vielleicht stieg sogar, trotz oder gerade wegen so viel erhabener Feierlichkeit, ihm der vertraute Geruch des *gran farro* in die Nase, der samtigen Dinkelsuppe, die hier besser schmeckt als sonst wo auf der Welt, weil aus der Garfagnana der delikateste Dinkel kommt. Jene Sorte, von der jedes Korn in der rötlichen Suppe aus pürierten Bohnen und Tomaten liegt wie eine Perle, weil es nicht verkocht.

Wer heute Puccinis wegen nach Celle reist, wird nicht enttäuscht.

Das Haus der Puccinis ist verschont von Devotionalien und Souvenirkitsch, jedoch mit Sorgfalt hergerichtet und glaubwürdig ausstaffiert: Ramelde und ihre Kinder hatten dafür gesorgt, dass Erinnerungsstücke aus dem Haushalt der Eltern hierher verbracht wurden, wie das mächtige Bett mit kannelierten Säulen, in dem Albina Giacomo und seine Geschwister entbunden hatte, die Wiege, in der sie fast alle in den Schlaf geschaukelt, das Kleid, in dem sie über die Taufe gehalten worden waren; aber auch Stücke aus

Gebettet auf Liebe: Puccinis Mutter Albina, die in diesem Bett alle ihre Kinder zur Welt brachte, zog Giacomo den anderen vor. Das Bett steht heute nicht mehr im Geburtshaus des Maestro, sondern im Museum in Celle.

Puccinis aufgelösten Wohnsitzen wie dem oben in Abetone sind hier, am Ursprung der Dynastie, gelandet; das Klavier zum Beispiel, an dem er große Teile der »Butterfly« komponierte. In der Küche mit dem offenen Kamin scheint noch der Geruch von Holzfeuer und gebratenem Geflügel zu hängen. Und wer wissen möchte, wie es in Celle und Umgebung zu Puccinis Lebzeiten geschmeckt hat, braucht nicht etwa seine Fantasie zu strapazieren, sondern nur eine der Osterien in der Gegend zu besuchen.

Dort gibt es nach wie vor saftige salzige Kuchen aus Dinkel, Kartoffeln und Ricotta, mit Kräutern gewürzt, Kuchen aus Maronenmehl, denn die Kastanienbäume tragen hier überreich, Suppen aus Bohnen und Emmer, aber auch Wildschwein und hausgemachte Tagliatelle mit Brennnesselsugo.

Wie die ganze Garfagnana hat auch Celle seinen herben Charakter bewahrt und ist vom Massentourismus noch nicht berührt worden. Zu steil die Straßen, zu karg die Orte, zu spröde dieser nördliche Teil der Toskana, der den Klischees jener zu Tode geliebten Provinz nicht entspricht.

Wer sich auf den steilen Weg macht zum Ursprung der Puccinis, versteht ohne jede Erklärung, was Giacomo so sehr genoss. Und versteht vielleicht auch, dass etwas von der scheuen Weltferne dieser Gegend in ihm lebte bis zu seinem Ende.

Chiatri

Carlo Carignani ist keineswegs ahnungslos. Er weiß von vielen Ticks und Marotten des berühmten Maestro Puccini. Schließlich kennt er Giacomo seit der Kindheit. Damit aber hat Carlo Carignani nicht gerechnet: Als er in Torre del Lago ankommt, um mit Puccini wie gewohnt über die Klavierauszüge zu reden, die er von dessen Opern für Ricordi herstellt, erfährt er, dass der Hausherr samt Sippe sich in sein neuestes Sommerdomizil in Chiatri verzogen hat. Carignani macht sich auf den Weg. Er weiß, dass Puccini als alter Genießer auch Überraschungsbesucher reich bewirtet. Was er nicht weiß, ist, dass dieses Haus in Chiatri so besucherfreundlich ist wie die Höhle eines Einsiedlers in der Wüste. Das durchaus elegante Ziegelhaus mit seinen Doppelbogenfenstern, das sich Puccini als Fluchtburg ausgesucht hat, liegt 1300 Meter hoch, dort, wo die Luccheser Hügel zu den Apuanischen Alpen ansteigen, abseits jeder befahrbaren Straße. Nur zu Fuß lässt sich das letzte Stück Weg bewältigen, ein schöner Weg, an einer Mauer aus Natursteinen entlang, von Eidechsen bewohnt und im Frühling überwuchert von Glyzinien, aber ein beschwerlicher.

Es ist dort oben einsamer, als es Puccini lieb sein kann. Ob er es genießt, hier eine ungewohnt innige Vaterrolle zu spielen, für die Kinder Stöcke und Pfeifen aus Haselzweigen zu schnitzen und mit ihnen Beeren sammeln zu gehen, bezweifelt zumindest Elvira, denn sie zweifelt an allem hier; sie hasst diesen Ort, die düstere Umgebung, die Unwirtlichkeit, die Verlassenheit. Dass die Berghirten in der Gegend überzeugt sind, im Haus der Puccinis spuke es, hat Elvira sogar verleitet, eine Gespensterklamotte in Laken aufzuführen. Doch Puccini hatte nur gelächelt über diesen Versuch, ihm sein Refugium madig zu machen.

Keiner hat Carlo gesagt, wie weit oben dieses Chiatri liegt, wie steil es dort hinaufgeht und dass man das letzte Stück Weg nur zu Fuß zurücklegen kann. Kränklich, schwach und mager, hat er ohnehin nicht die ideale Konstitution für unwirtliche Bergwanderungen. Gegen Mitternacht kommt er an, den Mantel weiß vom Staub der Straße. Erschöpft ruft er: »Giacomo!« Was dann passiert, versteht er nicht: Puccini reißt das Fenster auf, springt hinaus und packt ihn grob am Bart. Als Carignani wütend schreit, lässt er ihn los, lacht und gesteht: Er habe den Freund für ein Gespenst gehalten. Anscheinend schlägt sich die Einsamkeit dort auch Puccini aufs Gemüt, so unermüdlich er sein Haus auch gegen alle, die darüber lästern, verteidigt.

Er genießt den Glauben daran, der Ort hier übe eine heilsame Wirkung auf ihn aus. Nach seinem schweren Unfall 1903 hatte er hier in der Bergeinsamkeit zum ersten Mal das Gefühl, gesund zu werden. »10 Grad abends, 19 Grad tagsüber, das ist entzückend. Ich brauche nun die Krücken nicht mehr und kann, zwar schlecht, aber auf Stöcken gehen«, meldete er damals zufrieden.

Puccini hat viele Argumente parat, wenn er gefragt wird, was er denn an diesem Ort finde, tödlich still, umgeben von Kargheit. Dass er die Steineichen liebe, die das Haus umgeben wie eine schützende Mauer, dass die Luft hier prickelnd frisch sei während der Sommermonate, wenn sich unten am See nur noch Moskitos wohlfühlen. Und dass der Blick so herrlich sei von diesem Haus aus, der weit und frei hinüber zur Ebene von Massaciuccoli geht, auf die Sümpfe von Massarosa, im Hintergrund wird Viareggio sichtbar und das Meer.

Elvira und alle anderen deuten das als mühsam verborgenes Heimweh: Er kann sein Torre ausmachen von hier oben und sich nach Hause denken. Carignani versteht ebenso wenig wie Elvira und alle anderen, was Puccinis wahre Gründe sind, sich in diese Einöde zurückzuziehen: Puccini kennt seine Verführbarkeit und Ablenkbarkeit. Hier fühlt er sich vor Versuchungen sicher. Und er genießt es, von der Natur genötigt zu werden, sich seiner Arbeit zu widmen.

Erst als er das Gejammer Elviras, aber auch das der Kinder nicht mehr ertragen kann, trennt er sich von diesem Haus. Und schreibt später an seine Frau in vorwurfsvollem Ton: »Mein halbes Leben habe ich für diese verrückte Idee gegeben. Hätte ich nur einmal von Dir oder Fosca gehört: Auch wenn es unbequem ist und teuer, wir werden dort glücklich sein, wie gehen dorthin, und du wirst in Ruhe arbeiten. Nie ein Wort der Ermutigung, nie ein freundliches Wort. Ich habe mich schließlich Eurer Hartnäckigkeit gefügt und angefangen, Chiatri zu hassen, das ich doch so sympathisch fand, als ich es kaufte und dort zu arbeiten anfing.«

Ersatz für Chiatri wurde das Haus in Boscolungo bei Abetone, sehr viel weiter entfernt und nördlicher gelegen, jedoch leichter zu erreichen; vor allem bot es mehr soziale Abwechslung – was im Vergleich zu Chiatri wahrlich nicht schwierig war. Ein Badeort wie Abetone war mehr nach Elviras Geschmack, denn hier kümmerten sich andere darum, sie vor der Langweile mit sich selber zu bewahren.

Ein Mensch jedoch sollte Puccinis, von Elvira zerrüttete, Liebesbeziehung mit Chiatri doch noch teilen und seine Leidenschaft für diesen Platz fernab des Lebens wieder aufflammen lassen. Ausgerechnet eine Frau, die nach Verwöhnung duftete, nicht nach Einöde, eine Schönheit, die nach Bewunderung zu lechzen schien, nicht nach Einsamkeit: Sybil Seligman.

Sie war angereist in Begleitung ihres sechsjährigen Sohns Vincent, hatte einige Wochen mit Elvira, Tonio und Giacomo in Abetone zugebracht, sich dort auch von prominenten Badegästen wie d'Annunzio und Tosti den Hof machen lassen und war bereits im Aufbruch begriffen, als der Badearzt von Abetone bei ihrem Kind die schwächliche Konstitution bemängelte und dringend zu einem weiteren Aufenthalt irgendwo in stillerer Umgebung und gesünderem Klima als daheim in London riet. Puccini hatte von Chiatri erzählt. Und es schien Sybil der ideale Luftkurort für ihren Sohn zu sein, obwohl Elvira, die diesen Ort nicht ausstehen konnte, sie warnte: Es gebe dort keinerlei Bedienung, keinerlei Bequemlichkeiten, keinerlei Gesellschaft, keinerlei Restaurant, keinerlei Gefälligkeiten oder Lieblichkeiten. »… aber die schönste Aussicht in ganz Italien«, verteidigte Giacomo noch einmal sein geschmähtes Refugium.

Sybil zog in Chiatri mit Sohn, Konserven und anderen haltbaren Lebensmitteln ein – und mit Doria, dem Hausmädchen, das Elvira nur allzu gerne auslieh und das sich, von der Hausherrin misstrauisch verfolgt, auch gerne ausleihen ließ. Puccini besuchte Sybil dort, selbstverständlich ohne Elvira. Spielte am – vermutlich verstimmten Klavier – aus »La Fanciulla del West«, die im Entstehen begriffen war, und teilte das Schweigen dort oben mit der englischen Freundin. Wortlos hatte Sybil es geschafft, dem verehrten Komponisten erneut ihr Verständnis zu beweisen: Sie liebte denselben Ort wie er. Und diese Liebe verband die beiden miteinander wie die zu einem Kind, das die anderen nicht mögen, weil sie es hässlich finden oder missraten. Sybils Gastspiel verklärte noch einmal jenes düstere Chiatri. Der Abglanz des Lichts, das sie in Puccinis Seele brachte, ist noch erhalten: in über siebenhundert Briefen, die er an sie schrieb.

Torre del Lago

Wenn Puccinis Verehrer hier anreisen, erwarten sie eine Idylle. Schließlich hat der Meister von diesem Ort in den höchsten Tönen geschwärmt. Torre, das sei für ihn »höchste Seligkeit, Paradies, Eden, Elfenbeinturm, Gefäß des Geistes und Königspalast«.

Aber was die Wallfahrer, auf dem Weg zu Puccinis Heiligtum, in Torre del Lago zu sehen bekommen, ist italienische Provinz in aller Trostlosigkeit. Ein zersiedeltes Stück Land mit banalen Bauten, das kein Zentrum kennt, außer den Bau- und Möbelzentren, zerschnitten von Straßen, die sinnlos breit erscheinen und sich nur um den Kreisverkehr drehen. *Torre del Lago Puccini* nennt sich der Ort seit langem, doch was mit ihm geschah, war sicher nicht im Sinn des einzigen berühmten Bewohners. Das feuchte, verschilfte Uferstück vor dem Garten der Villa wurde aufgefüllt, Parkplatz statt Naturpark. Der Blick von der Villa aus, der Puccini so viel gegeben hatte, fällt heute auf eine breite, graue Promenade, betoniert und asphaltiert, auf Reisebusse und Kioske und auf die hohen Betonstelzen einer Autobahnbrücke am gegenüberliegenden Ufer. Die Seebühne, errichtet in Puccinis Namen, wirkt bedrohlich, die Zuschauertribüne billig. Und der Massaciuccoli-See versandet und verarmt: Die meisten der zweihundert Wasservogelarten, die hier zu Puccinis Zeiten noch lebten, sind verschwunden.

Nach Torre del Lago käme keiner, wäre nicht Puccini hierher gekommen. Es ist ein leerer Ort mit gelangweiltem Gesichtsausdruck. Ein Kaff ohne Mitte und Charakter, bestehend aus Garagenarchitekturen von internationaler Hässlichkeit. Eine Bar namens »Liù« und ein »Ristorante Butterfly« versuchen, in Puccinis Namen Gäste anzulocken.

Der Massaciuccoli-See ist sumpfig, an vielen Tage im Frühling und im Herbst wird es hier gar nicht richtig hell, denn der Nebel hängt tief.

Den Wallfahrern muss es rätselhaft vorkommen: Das soll der Ort sein, den Puccini vergötterte, den er überall auf der Welt vermisste? Aus Wien schrieb er, ihn peinige das Heimweh nach seinem »grünen Torre, das mir aus der Ferne noch schöner erscheint mit seinem grünen, stinkenden Sumpfland voll quakender Frösche, die sich melodischer anhören als die Musik des Großen aus Leipzig«. Aus Paris jammerte er seinem Verleger Ricordi vor: »Ich hätte einen Aufenthalt in Torre so nötig, mein freies Leben zu führen und frische Luft zu schöpfen!« In einem Brief aus Boscolungo bei Abetone, wo er in einem Haus sitzt, das er sich selber ausgewählt hat, klagt er seinem Freund Civinni: »Ich fahre übermorgen, Donnerstag, nach Torre und bin froh, hier fortzukommen, wo ich mich gelangweilt und schlecht gefühlt habe ...«

Banale Pfütze oder überirdisch schöner See? Puccini pries seine Wahlheimat in Torre del Lago als »höchste Seligkeit, Paradies, Eden«. Freunde sahen das kritischer.

Wo immer auch Puccini sich aufhielt, überall erschien es ihm uninteressant bis unerträglich, verglichen mit Torre del Lago. Wer liest, was er zum Beispiel aus Pescia im Val di Nieve schrieb, ist überzeugt: Seine Lebensumstände dort waren unzumutbar. Er beschimpfte diesen Wohnsitz, den sein Verleger Ricordi ihm der Abgeschiedenheit wegen verordnet hatte, als übles »Internierungslager« und machte seiner Empörung in Briefen Luft. »Ich habe diese Sommerfrische gründlich satt, dieses Haus, dieses unmögliche Land«, schrieb er im August 1895. »Ich denke immer an mein Torre del Lago! Aber nächstes Jahr werde ich mich gründlich schadlos halten, bei Gott!«

Kaum einer hätte vermutet, worum es sich bei diesem Internierungslager handelte: um die Villa Castellaccio, die dem Grafen Orsi-Bertolini gehörte, einem eleganten Bau mit vierzig Zimmern, ausgestattet mit teuersten Möbeln, mitten in der Waldeinsamkeit des Nievole-Tals gelegen, aber umgeben von Gartenanlagen, so gepflegt, als erwarte man

Kühle Grotte im heißen Sommer: Ein Freund, der Marchese Mansi, stellte Puccini seine schlossartige Villa in Monsagrati samt Park als Ferienhäuschen zur Verfügung – mit wenig Erfolg. Puccini fand es dort trostlos.

hohen Besuch. Das Bachplätschern zwischen Rasenflächen und Buchsbaumhecken, jene Musik der Gelassenheit, sollte Puccini beruhigen, denn Ricordi wusste, in welcher Verfassung sich sein Starkomponist befand: In jeder Konferenz mit seinem Librettisten Illica hatte sich Puccini die Fingernägel bis aufs Fleisch abgebissen. Er war nervös und zwar zu Recht. Denn das neue Gemeinschaftswerk basierte auf Murgers »Vie de bohème«. Und an dessen Vertonung saß zeitgleich ein anderer Komponist, Puccinis ehemaliger Freund Leoncavallo, der Puccini als Verräter brandmarkte; schließlich hatte Leoncavallo in der Rolle des Librettisten Giacomo einmal diesen Stoff vorgeschlagen und der hatte dankend abgelehnt. Nun hatte sich Leoncavallo selber an die Vertonung gemacht, was er sicherheitshalber am 19. März in der Mailänder Zeitung Secolo publizieren ließ. Puccini teilte zwei Tage später, am 21. März, im Corriere della Sera mit, er vertone denselben Stoff. Puccini gab sich souverän: »Was macht das Maestro Leoncavallo schon aus? Soll er seine Musik schreiben, und ich schreibe meine. Das Publikum wird entscheiden.«

Dass er in Pescia die völlige Ruhe hatte, eben auch vor Leoncavallo oder neugierigen Journalisten, war ihm gleichgültig. Nur eines zählte: Ihm fehlte sein Torre.

Puccini ein kostenloses Feriendomizil zu verschaffen, wo er völlig unbehelligt arbeiten konnte, war eine lobenswerte Idee, doch Lob erntete der Spender damit nicht. Auch der Marchese Raffaelo Mansi meinte, Puccini etwas Gutes zu tun, als er dessen Wunsch nach einem Refugium erfüllte. »Ich will mich«, hatte Giacomo seinem Librettisten Illica angekündigt, »in einer lucchesischen Villa abschließen und dort meinen Unterarm auf einem toskanischen Tisch ruhen lassen.« Während er in der Hand den Stift führt, um die Ouvertüre und vielleicht noch den ersten Akt der »Tosca« niederzuschreiben.

Eigentlich war er in der Villa (lucchesisch) seines Freundes, des Marchese Raffaello Mansi, am Ziel seiner Wünsche, denn hier gab es den ersehnten Tisch (toskanisch) in einem hohen, lichten Speisezimmer, und es war nichts zu hören als Stille, vielleicht noch Vogelgezwitscher oder das Blöken der Schafe. Ein Garten mit hohen Magnolien,

Lorbeerhecken und einer schattigen Exedra, einem gemauerten Halbrund, wo Wasser über steinerne Delphine in bemooste Becken rann und für Kühle sorgte. Ringsum Wiesen, Olivenhaine, Zypressen und Walnussbäume. Was der Meister aber im Juli 1897 aus der Villa Mansi in Monsagrati vermeldete, klang nicht nach überschwänglicher Dankbarkeit. »Ich sitze hier an einem hässlichen, widerwärtigen Ort, zwischen Wäldern und Pinien, wo jede Aussicht verdeckt ist, zwischen Bergen eingesperrt, bestrahlt von der Sonne, die herabbrennt, ohne den geringsten Luftzug.« Aller Ausstattungsluxus, von den barocken Gemälden in vergoldeten Rahmen bis zu den alten Teppichen, konnte nicht verhindern, dass vor allem Elvira, Tonio und Fosca diesen Wohnsitz hassten. Sie fanden die Umgebung beklemmend, das Klima bedrückend. Den Tag über stand die Hitze hier unbeweglich, kein Luftzug linderte ihre starre Gegenwart. Erst abends gegen zehn Uhr konnte Puccini mit der Arbeit beginnen und arbeitete, wie gewohnt, bis in den aufgehenden Tag hinein. Das immerhin gab er zu: »Die Abende jedoch sind köstlich und die Nächte voller Zauber. Ich arbeite bis vier Uhr morgens, von zehn Uhr ab. Die Villa ist groß und im Haus fühlt man sich wohl. Im Großen und Ganzen bin ich zufrieden, dass ich mich an diesen langweiligen Ort zurückgezogen habe ...« Trotzdem gab er bereits am 22. September auf und kehrte mit genug »Tosca« in der Tasche zurück in sein Paradies, nach Torre.

Spielplatz für Freunde: Der grüne Filz auf dem Tisch verrät noch heute, dass hier nicht gegessen, sondern gezockt wurde. Während Puccini am Klavier komponierte, spielten seine rauchenden, saufenden Kumpels hier vor dem Kamin Karten. Und ihr Gelächter und Geschwätz inspirierte ihn wie andere Vogelgezwitscher.

Doch es ist nicht allein Puccini, auch seine Freunde, speziell die Mitglieder des Bohème-Clubs, begeisterten sich für diese Landschaft mit poetischen Formulierungen, die Außenstehende den Zechbrüdern kaum zugetraut hätten. Pagni, einer der Maler im Verein, entzückte sich: »Eine Traumlandschaft für Verliebte und Künstler, wo der Blick nur Weiches und Feines auffängt. Bei gewissen Farben- und Lichterspielen scheint es, als wäre man im Fernen Osten. Abends, wenn der Mond mit seinem runden Gesicht von den scharfen Konturen der im Gegenlicht erscheinenden Hügel aufsteigt und die

Luft sich in eine dünne Nebeldecke hüllt, würdest du schwören, du wärst in Japan.«
Die Wallfahrer von heute müssen also vermuten, damals, zu Puccinis Zeiten, sei Torre noch ein Paradies gewesen, das erst in jüngeren Jahren von der Gewinnsucht zerstört worden sei. Doch das stimmt nicht ganz.

Als Puccini die Verzweiflung hierher trieb, war Torre del Lago kein Garten Eden, sondern ein völlig reizloses Fischerdorf mit »120 Seelen und 12 Häusern«, wie er selber schrieb, nur zwanzig Kilometer westlich von Lucca gelegen. Das war im Jahr 1884, als er wegen seiner Affäre mit Elvira aus Lucca fliehen musste. Und sofort hatte Puccini seine Leidenschaft entdeckt für dieses maremmanische Kaff. Das Wahrzeichen von Torre del Lago, ein alter Turm, dem der Ort den ersten Teil seines Namens verdankt, stand schon damals nicht mehr. Und der Massaciuccoli-See, von dem der zweite Teil des Ortsnamens herrührt, war damals schon nicht mehr als ein flaches Gewässer, nirgendwo mehr als vier Meter tief. Vielleicht war damals der Gürtel aus Schilf, der den See umgibt, noch dichter, vielleicht wuchsen noch mehr verschiedene Gräser und Sumpfblüten in dem Grünlandmoor. Doch reizvoll oder gar betörend hätte niemand, der die Rundungen der Toskana liebt, diesen platten Ort am Wasser gefunden. Was also zog Puccini so sehr an?

Mag sein, dass es die Unschuld war. Das Unberührte, in dem keine Gefahren zu dräuen schienen. Das Unverdorbene, ahnungslos dahinträumend, fernab vom Gift der Städte. Große Schönheiten, betörende und auffallende jedenfalls, bleiben selten lange unberührt und unschuldig. Puccini wusste sehr wohl um die Nachteile von Torre, doch die Vorteile wogen sie auf. Er wusste, dass die Winter hier trüb und klamm sind, die Seele beschweren und an Höhenflügen hindern. Dann arbeitete er eben in seiner Mailänder Wohnung in der Via Verdi 4, oder später in der Via Solferino 27. Doch sobald das erste Grün an den Ufern des Sees austrieb, zog es ihn, aber auch Elvira, Fosca und Tonio nach Torre del Lago.

Reiches, armes Land. Die meisten Menschen dort hatten noch zu Puccinis Zeiten nichts außer der Schönheit einer morastigen Landschaft, von Bächen durchschnitten,

zum Land hin von Hügeln geschützt, sich nach Westen dem Tyrrhenischen Meer bereitwillig öffnend. Längst war dort von jenem üppig blühenden Leben der Etrusker nichts mehr zu spüren, nur deren Hinterlassenschaften erinnerten noch daran, dass die Maremma nicht hätte arm sein müssen. Die vielen Versuche, jene Randregion zu retten, sie mit Entwässerungsanlagen und einem Straßennetz wieder funktionsfähig zu machen, waren versumpft in dem feuchten Boden, der so lange nicht urbar gewesen war, und in der Passivität der Anwohner. Die Luft war schlecht – eine *mal aria* –, die der Krankheit, die dort grassierte, ihren Namen gab. Die Bauern nahmen weniger ein als die Straßenräuber, ein ausbeuterisches System, die *mezzadria* (zu deutsch Halbpacht), verschaffte ein paar Gutsherren Wohlstand, dem Rest der Menschen aber eine an Leibeigenschaft grenzende Abhängigkeit, ein Leben voll Mühsal und ohne jede Aussicht, ihr zu entkommen. Vielleicht lässt sich Puccinis anfängliche Begeisterung für Mussolini nicht nur durch seine Naivität erklären, sondern auch dadurch, dass der Duce versprach, die Maremma trockenzulegen. Puccini hatte sofort in jeder Hinsicht Geschmack gefunden an dieser Gegend, nur sechs Kilometer vom mondänen Viareggio entfernt, und doch im Abseits gelegen. Trotz des ungesunden Klimas, trotz der landwirtschaftlichen Probleme hatte die Maremma ihre eigene köstliche Küche entwickelt. Schweinebraten und Rindfleisch dampfte nur auf den Tischen der Reichen. Fleisch essen hieß für die Armen, also für die überwältigende Mehrheit, Geflügel essen. Und wer sich nicht selbst ein paar Hühner halten konnte, erlegte das, was er wollte, im Röhricht rund um die kleinen Seen. Ohne Lizenz und ohne Gewissensbisse. Dass weniger Rebhühner und Kaninchen, sondern Igel, Rotkehlchen und Schildkröten auf dem Speisezettel der Einheimischen standen, empört manchen Tierschützer, könnte aber auch zum Denken anregen: Ohne Jagdschein, ohne Waffen blieb den meisten Maremmanern keine andere Wahl, als sich dort zu bedienen, wo ein paar Tricks oder Schlingen ausreichten für die Beschaffung von etwas tierischem Eiweiß.

1891 hatte Puccini sich in Torre zwei Zimmer in Untermiete gegönnt, mehr konnte er sich damals nicht leisten. Bewohnt wurde das Haus damals hauptsächlich von

Anlegen bei Freunden: Hier, bei den Grafen Ginori-Lisci, fuhr Puccini »an der dunklen Ecke« mit dem Boot vor. Und genoss dann den Blick aus der von urwaldartigem Dickicht umwucherten »Villa La Piagetta« auf seinen Massaciuccoli-See. War die Familie abwesend, schlich er sich davon, »... weil ich keinem leeren Korbsessel begegnen wollte«.

Venanzio Barsuglia, Aufseher auf dem Gut des Marchese Carlo Ginori-Lisci, mit seiner Frau Teresa musste Elvira sich die Küche teilen. Auch wenn das Haus heruntergekommen war, der Putz bröselte und der Lack der Fensterstöcke und Fensterläden abblätterte: Es war ihm noch anzusehen, dass es bessere Tage kannte; ursprünglich hatte es den Großherzögen der Toskana gehört, und die hatten es wohl genutzt, wenn sie zum Jagen und Fischen gingen. Die Lage des Anwesens verkündete durchaus Anspruch: am Ende einer Allee, direkt am Wasser, mit eigener Bootsanlegestelle. Der Bau selber aber war niemals mehr als bescheiden.

Puccini verliebte sich in dieses Haus, ließ es dann jedoch im Stich, zog um in die Villa des Seneser Grafen Grottanelli und kehrte dann zu seiner ersten Liebe zurück. Was Puccini bei keiner Frau gelang, bewies er bei diesem Haus: seine Fähigkeit zur unverbrüchlichen Treue. Als er, vor allem durch die Aufführungserfolge der anfangs so glücklosen »Bohème«, zu Geld kam, kaufte er die Villa zum lächerlichen Preis von 10.000 Lire, ließ den Turm einreißen und dort, wo der Bauer gewohnt hatte, eine Garage installieren. Er machte aus den Stallungen einen Saal, ließ das Haus nach seinen Wünschen renovieren und einen weitläufigen Garten anlegen. Eindrucksvoll war es danach noch immer nicht: die Räume klein, das wintergartenartige Esszimmer windig gebaut, die Treppe in den ersten Stock eng, der Grundriss unübersichtlich. Kein Haus zum Vorzeigen, sondern zum Leben, einem Leben à la Bohème; für Ästheten die Hölle, aber der Himmel für jeden, der sich geborgen fühlt im Chaos des individuellen Sammelsuriums. Souvenirs billigster Sorte neben gutem Kunsthandwerk, träumende Mädchen in Bronze und intarsierte Vögel in Perlmutt, Messingkettchen an der Kaminhaube und Troddeln an Stuhlzargen und Lampen. Mehr ist einfach mehr, schien das geschmackliche Leitmotiv des Hausherrn zu lauten, der es lange genug spartanisch gehabt hatte. Die Kassettendecken bunt und mit dick vergoldeten Rosetten bestückt, die Terrazzoböden reich an Ornamenten, die Samttapeten bedruckt mit orientalischen Motiven, die Fliesen bemalt mit Rosen oder Arabesken, der Paravent reich eingelegt, die Vasen üppig verziert. Die Fenster mit kleinen runden bleigefassten Scheiben verglast,

Wenig Repräsentation, viel Stimmung: Puccini wollte mit seiner Villa in Torre del Lago niemandem imponieren, er wollte sich nur wohl und geborgen fühlen.

die Innenläden dekoriert wie in einem Harem – Kenner ahnen, dass der Stil des Carlo Bugatti, modisch in Mailands Salons, hier in seiner Sparversion verwirklicht werden sollte. Doch an Fülle wurde nicht gespart: die Lüster geschnörkelt, das Klavier mit Schnitzereien bestückt, die Tischbeine gedrechselt, jede freie Fläche bedeckt mit Jagdtrophäen, Porzellanfiguren, Nippes, Fotos und Erinnerungsstücken von Freunden oder berühmten Musikern. Puccini fand das anscheinend nie bedrängend, sondern beruhigend. Repräsentation? Das überließ er seinem Verleger Ricordi. Reichtum? Das war für ihn immer nur das, was er selbst genoss: dass er frühmorgens aus dem Haus sofort zur Jagd gehen konnte, dass er eine eigene Bootsanlegestelle besaß, eine Garage für sein Auto und eine wachsende Flotte an Motorbooten.

Wie ein Bauer, als wäre er einer von ihnen, benahm Puccini sich nie in Torre del Lago, trotzdem war er sicher, hier gemocht, sogar verehrt zu werden, jedenfalls verschont von Neid. Bis zu jenem Morgen. Ein Morgen, wie er ihn liebt. Bedenkenlos vor Glück startet Puccini sein Motorboot, steuert auf die freie Wasserfläche hinaus. Warum droht ihm der Fischer dort mit den Fäusten? Puccini versteht, was er brüllt. Der feine Herr solle sich gefälligst nach Viareggio verziehen, dort seien die Reichen unter sich.

Doch Puccini blieb. Es zog ihn nicht dorthin, wo die Promenaden repräsentativ sind und die Bewohner mondän, denn dort fühlte er sich fremd. Verstanden fühlte er sich hingegen von der melancholischen Stimmung hier am Massaciuccoli-See. Von der Terrasse ging der Blick auf die wandelbare, in allen Farben changierende, dann wieder stumpfe Wasserfläche des Sees. In der Ferne die Bergkette, grünblau schimmernd, und die hell leuchtenden Marmorbrüche von Carrara.

Torre del Lago hielt Puccini für seine Bestimmung. »Ich bin auf die Welt gekommen, um in Torre zu leben«, behauptete er seinem Freund Ferruccio Pagni gegenüber. »Ich verlange … nach dem Frieden der Berge, der Täler, des Grüns und der roten Sonnenuntergänge.« Der Frieden wurde zerstört; die Industriellen entdeckten in Torre billigen Baugrund, ein Gaswerk machte in der Nähe, ein Torfwerk direkt gegenüber von Puccinis Haus auf, erfüllten die Luft mit Lärm und pestilenzialischem Gestank. Nach mehr als dreißig Jahren vertrieb ihn, den Fortschrittsfanatiker, der Fortschritt aus dem Paradies. Ende des Jahres 1921 zog er dorthin, wohin ihn der Fischer verwünscht hatte – nach Viareggio. Doch heimisch sollte er dort nicht werden. Heimat blieb ihm das Haus am Massaciuccoli-See, das er auch nicht verkaufte.

Im Oktober 1924 wurde bei Puccini Kehlkopfkrebs diagnostiziert. Nur ein Spezialist in Brüssel könne ihn noch retten, hieß es. Die Zeit drängte, doch Puccini brach nicht direkt von Viareggio auf. Es drängte ihn, in Torre del Lago vorbeizuschauen, um Abschied zu nehmen. Von Arnaldo Gragnani, seinem alten Kumpel, den er vom einfachen Fischer zu seinem Förster und Jagdverwalter befördert hatte, von dem Maler Ferruccio Pagni, einem seiner ältesten Freunde, doch auch von all dem, was Torre für ihn bedeutet hatte. »Ich laufe immer vor mich hin und später nehme ich das Boot, um die Schnepfen zu treiben«, schrieb er, kurz bevor er zum letzten Mal sein Paradies verließ, als ließe sich der Abschiedsschmerz mit Geschäftigkeit verscheuchen und die Todesangst mit dem alten Jagdfieber verdrängen. Doch es blieb ihm noch Zeit für einen kurzen Traum. »... einmal im Leben will ich gern hierher kommen«, hielt er fest, »und eine meiner Opern unter freiem Himmel hören.« Erst knapp sechs Jahre nach seinem Tod, am 24. August 1930, ging Puccinis Wunsch in Erfüllung: Vor seiner Villa wurde am Ufer des Sees »La Bohème« aufgeführt, es dirigierte Mascagni, der Freund seiner frühen Jahre. Seither feiert jener Ort, der sich nach dem Meister Torre del Lago Puccini nennt, auch Opernfestspiele in seinem Namen.

Dass er dabei selbst in irgendeiner Weise anwesend ist, können die Zuschauer bezweifeln, hoffen oder glauben. Sicher ist, dass vieles in Torre ihn heute erschrecken oder empören würde, ihm einiges aber gefiele. Sein Mausoleum, zum Beispiel, das sein Sohn Tonio hatte errichten lassen, an symbolischer Stelle – zwischen dem Musikzimmer und der Kammer für die Jagdutensilien. Ein schmaler Raum mit Marmorreliefs, die schöne Frauen zeigen, schlank, biegsam, nur mit wehendem Haar und etwas Schleier bekleidet. Dass es sich dabei um allegorische Figuren handelt, hätte Puccini bestimmt nicht gestört.

Fluchtburg für den Vertriebenen: Vom Gestank und Lärm der Industrie aus Torre del Lago verjagt, fand Puccini in Viareggio nur »Leere und Langeweile bis auf ein paar Freunde«. Mit denen traf er sich hier, im ›Gran Caffè Margherita‹.

Viareggio

In Viareggio baute man Häuser, damit sie gesehen werden sollten. Und daran hielt sich der prominente neue Einwohner in der Via Buonarroti auch. Er hatte sich von Pilotti, einem Architekten, der damals wegen seines üppigen, dekadenten Stils in Mode war, eine auffällige Villa hinsetzen lassen, in teuerster Lage, nur hundert Meter vom Meer entfernt. Ein lang gestreckter zweigeschossiger Ziegelbau, unregelmäßig und kunstvoll gegliedert. Seinen »kalifornischen Bungalow« nannte Puccini sein neues Heim, auch wenn die bunten Pfeiler eher indisch wirkten und das sanft geneigte Dach japanisch. Doch der anspruchsvolle Bau war von der Straße kaum zu sehen, weil er gut versteckt war in einem ausgedehnten dichten Pinienhain. Warum Puccini darauf bestanden hatte, das Haus im Verborgenen zu errichten, verriet er dem Autor Ugo Ojetti: »Zu viel Wind und zu viel Lärm. Entweder das Meer oder ich. Ich muss in Ruhe arbeiten können.«

Dazu schien er sich hier zwingen zu wollen. Denn die Villa in Viareggio war ein Ort, um prominente Gäste zu empfangen, aber mit Sicherheit keiner, um mit Freunden zu feiern: Es war von Anfang viel Platz da und doch kein Platz für friedlich durchzechte, verqualmte Nächte. Der Dunst des Rustikalen durfte dieses Haus nie erfüllen. Pilotti hatte es bereits angefüllt mit großbürgerlichem Anspruch, mit unechter Gemütlichkeit und geborgter orientalischer Exotik. An den Veranden ließ er japanische Laternen aufhängen und die Eingangstür gestalten, als gehöre sie zu einer Pagode – ob er damit auf »Madame Butterfly« anspielen oder einfach für Dekoration sorgen wollte, interessierte Puccini wenig. Und dass auch hier ausgestopfte Vögel herumstanden, konnte ihm das Gefühl, jederzeit mit Lappore zur Jagd aufbrechen zu können wie in Torre, nicht ersetzen. Das Haus in Viareggio war ein Als-ob. Nicht echt, nicht gewachsen. Die lederbezogenen Sessel, die aussehen sollten wie aus alter Familie geerbt, waren zu fest gepolstert und zu groß, das Sofa im Studio viel zu repräsentativ. Auch der offene Kamin sah nur so aus, als ob den Raum warmes Leben erfüllte. Der aufmerksame Besucher roch die Seelenkälte dieses Hauses, in dem der Hausherr selbst sich nicht mehr zum Aus-

druck brachte. Stattdessen hängte er ein Bronzerelief von sich an die Fassade, als könne er das fremde Haus sich so zu Eigen machen.

Puccini gewann in Viareggio zwar rasch Kontakte zu Schriftstellern, Malern und anderen Musikern, wurde Stammgast im Caffè Margherita und stolze Trophäe des Bürgermeisters von Viareggio, doch zu Hause hatte er nur einen wirklich guten Freund um sich, der ihn aus dunklen Stimmungen und Zweifeln riss, indem er ihm versicherte, er werde auf der ganzen Welt geliebt: sein hochmodernes Radiogerät. »Ich freue mich«, sagte Puccini, »wenn ich abends in meinem Lehnsessel meine Musik aus London oder Paris höre.«

Was genoss Puccini hier, in einer Atmosphäre, die steril war, in einer Gesellschaft, die ihn langweilte? Die gute Luft vom Meer? Die repräsentative Eleganz? Vielleicht tat ihm der intensive Duft der Pinien gut, denn in Torre del Lago hatte ihn Elvira ein paar Jahre zuvor, als er von einer Reise zurückkehrte, damit überrascht, dass sie die Pinien vor dem Haus hatte fällen lassen. Obwohl – oder weil – sie wusste, dass jede abgeholzte Pinie ihm das Herz brach.

Es war hier, im berühmten Badeort Viareggio, entschieden ruhiger als in Torre del Lago. Und deutlich komfortabler. Puccinis Studio im Erdgeschoss, durch eine Treppe direkt mit einem Schlafzimmer verbunden, war riesengroß, ausgestattet mit modernsten elektrischen Geräten und einem Flügel, den das Haus Steinway ihm geschenkt hatte. Nie zuvor hatte er an einem so teuren Instrument komponiert, immer hatte ihm ein kleines Klavier genügt. Diesen Luxus hätte es für Puccini nicht gebraucht, er benötigte nur das, was er immer und überall hatte: sein Arbeitszeug. »Alles um ihn herum ist so angeordnet, dass nicht einen Augenblick die glühende Fantasie in ihrer Entfaltung aufgehalten wird. Bleistifte zum wechselnden Gebrauch, weich wie Kohle, zwei Bleistiftspitzer, Schachteln und Päckchen mit Zigaretten und Feuerzeugen aller Art in Griffweite …«, schilderte Ojetti Puccinis Arbeitsplatz. Doch es fehlte in Viareggio jenes Chaos, jenes bunte Sammelsurium, das ihm in Torre so viel Anregung gebracht hatte wie das Stimmengewirr der Kumpel.

Was war hier die Quelle seiner Inspiration? Auch hier konnte er die Fensterflügel weit öffnen und die Nachtluft hereinlassen. Auch hier gönnte er sich leibliche Genüsse, denn sie nährten im wahren Wortsinn seine sinnliche Fantasie. Trotzdem scheint es, als sei Viareggio für ihn mehr Klosterzelle als Paradies gewesen. Ahnte er seine Krankheit, als er Ende des Jahres 1921 hierher zog? Spürte er, dass der Tod ihn keine drei Jahre später holen würde?

Gerne hat Puccini die Schuld an seiner Krankheit auf ein Missgeschick geschoben, das ihm auf einer seiner Exkursionen mit Freunden durch Deutschland widerfuhr, nur zwei Jahre vor seinem Ende. Im bayerischen Ingolstadt war ihm ein spitzer Knochen des geliebten Gänsebratens im Hals stecken geblieben und musste vom Arzt mit einer Spezialpinzette entfernt werden. »In gola stat« – es steckt in der Gurgel –, interpretierte er blödelnd den Namen der Stadt und behauptete, als bald darauf sein Kehlkopfkrebs diagnostiziert worden war, jener Essensunfall habe die Krankheit ausgelöst. Unbewusst war ihm, dem Kettenraucher, aber wohl bewusst geworden, dass er selbst ein Leben lang auf jenes Sterben zugearbeitet hatte. Viareggio war vermutlich für ihn bereits Ort des Rückzugs und der Besinnung. Hatte er früher nie über Religiosität geredet, sprach er nun offen davon, was er seiner Ansicht nach Gott zu verdanken hatte. »Gott tut für den Menschen nichts, was er aus sich selbst heraus schaffen kann. Wir Sterblichen auf dieser Erde sind Partner des Schöpfers, aber wenige erkennen dies.« Er gehörte, jedenfalls im fortgeschrittenen Alter, durchaus zu diesen wenigen. »Die Eingebung ist ein Erwachen, eine Aktivierung aller menschlichen Fähigkeiten und offenbart sich in hohen künstlerischen Leistungen. Es ist eine überwältigende, zwingende Kraft. Kurz, sie ist der Einfluss Gottes.«

Ob die Ruhe in Viareggio ihm half, innere Ruhe zu finden? Ob er dort besser zu sich kam, als er es in Torre vermocht hätte? Recht glauben mag das keiner. Dass ausgerechnet diese Villa im Zweiten Weltkrieg geplündert wurde, aller schönen Möbel und Erinnerungsstücke beraubt, hätte Puccini wohl kaum geschmerzt. Geliebt hat er Viareggio schließlich nie. Denn zur Liebe gehörte für ihn ein Leben lang die Sinnlichkeit.

Folgende Doppelseite:
Wärme der Geborgenheit: In der Küche des Hauses in Celle di Pescaglia, aus der seine Ahnen stammten – heute ein Museum –, fühlte Puccini sich fern aller Gefährdungen, Versuchungen und Anfeindungen.

Secondi Piatti di pollame

Hauptgerichte mit Geflügel

Beccacce in teglia

Geschmorte Bekassinen (Schnepfen)

Zutaten

4 gut abgehangene Schnepfen
100 g Butter
12 dünne Scheiben durchwachsener luftgetrockneter Speck, fein gehackt
1/8 l Rotwein
1/8 l heiße Geflügelbrühe
Blätter von 1 Bund Salbei, gehackt
Schale von 1 unbehandelten Zitrone, fein gehackt
Salz
Pfeffer aus der Mühle
4 Scheiben Landbrot

Zubereitung

Die Schnepfen nicht ausnehmen, nur den Magen, der sie bitter macht, mit einer Spicknadel herausziehen. Dann die Schnepfen waschen und gut trocken tupfen.

Die Butter in einem breiten Schmortopf zerlassen und den Speck darin anrösten. Die Schnepfen hineinlegen und von allen Seiten goldbraun braten. Wenn sie rundherum goldbraun sind, 2/3 des Rotweins angießen und etwas verdunsten lassen. Brühe, Salbei, Zitronenschale hinzufügen. Salzen und pfeffern und die Schnepfen bei geringer Hitze – zugedeckt – 40 Minuten schmoren.

Kurz bevor das Geflügel gar ist, die Brotscheiben halbieren, toasten oder rösten und zur Seite stellen.

Die Schnepfen entnehmen und alle halbieren. Die Innereien herausnehmen, in den Schmortopf geben und kurz anbraten. Mit dem restlichen Rotwein ablöschen und aufkochen lassen, bis der Wein verdampft ist. Die Innereien mit der Gabel im Bratensatz zerdrücken und auf die gerösteten Brote streichen.

Auf einer großen vorgewärmten Platte die Brote am Rand dekorieren, die Schnepfen in der Mitte anrichten und sofort servieren.

Nichts jagte Puccini emsiger als die Schnepfen, denn von nichts gab es mehr am Massaciuccoli-See.

Pernice ai funghi porcini

Rebhuhn mit Steinpilzen

Zutaten

- 1 Rebhuhn von etwa 1,2 kg Gewicht, ersatzweise Faraona (Perlhuhn)
- 6 EL Olivenöl
- 1 Zwiebel, geschält und gehackt
- 1 Stange Staudensellerie, abgezogen und gehackt
- 1 große Möhre, geschält oder geschabt, in feine Scheiben geschnitten
- 3 Knoblauchzehen, geschält
- Blätter von einem kleinen Bund Mentuccia, ersatzweise Bergminze
- 500–700 g frische Steinpilze
- 2 große reife Tomaten, überbrüht, enthäutet, entkernt und gewürfelt
- 2 Zweige Salbei
- 5 Lorbeerblätter
- Salz, Pfeffer aus der Mühle

Zubereitung

Den Backofen auf 200 °C vorheizen.

Das Rebhuhn (oder Perlhuhn), 2 Esslöffel Öl, Zwiebel, Sellerie, Möhre, Knoblauch und *mentuccia* in einen Bräter geben und im vorgeheizten Ofen 30 bis 45 Minuten braten. Herausnehmen und warm stellen.

Die Steinpilze in Scheiben schneiden, das restliche Olivenöl in einer Pfanne erhitzen und die Pilze darin anbraten. Tomaten, Salbei und Lorbeerblätter zugeben und alles bei geringer Hitze 10 Minuten köcheln lassen. Mit Salz und Pfeffer abschmecken.

Das Rebhuhn (oder Perlhuhn) in Portionen schneiden, in eine weitere Pfanne legen, mit der Pilz-Tomaten-Sauce übergießen und bei mittlerer Hitze etwa 15 Minuten fertig garen.

Faraona con le noci
Perlhuhn mit Nüssen

Zutaten

1 Perlhuhn von etwa 1,2 kg Gewicht, küchenfertig
Für die Marinade:
½ l trockener Rotwein
⅛ l Rotweinessig
6 EL Olivenöl
6–8 Salbeiblätter
2–3 Rosmarinzweige
3–4 Thymianzweige
200 g Walnüsse, grob gehackt
¼ l guter trockener Rotwein
Salz, Pfeffer
¼ l Fleischbrühe
100 g grüne Oliven, entsteint und gehackt
Orangenscheiben und ganze Walnüsse zum Garnieren

Zubereitung

Für die Marinade Rotwein und Essig in eine große Schüssel geben und das Perlhuhn darin über Nacht marinieren. Herausnehmen, abtropfen lassen und gut abtrocknen.
Das Öl in einer Pfanne erhitzen und das Geflügel goldbraun anbraten. Salbei, Rosmarin und Thymian zugeben und alles zusammen weiterbraten. Dann die Nüsse zugeben. Sind sie geröstet, mit dem guten Rotwein ablöschen, pfeffern, salzen und den Wein etwas verdampfen lassen. Das Geflügel bei geringer Hitze 30 bis 45 Minuten garen, dabei immer wieder etwas Brühe zugeben. Nach der halben Garzeit die Oliven hinzufügen.
Mit Orangenscheiben und einigen Walnüssen garniert heiß servieren.

Oca ripiena
Gefüllte Gans

Zutaten

- 1 junge Gans, küchenfertig, von etwa 2 kg Gewicht
- 200 g Rinderhackfleisch
- 200 g Schweinehackfleisch
- 1 Salsiccia oder eine andere Schweinsbratwurst, Brät aus der Haut gedrückt
- 600 g gemischte Lebern von Huhn, Gans, Schwein und Rind oder Kalb, geputzt und grob gehackt
- 2 große Scheiben Weißbrot, entrindet und gewürfelt
- 10 schwarze Oliven, entsteint und gehackt
- 50 g getrocknete Steinpilze, eingeweicht, gut gereinigt und in Streifen geschnitten oder 200 g frische Steinpilze, trocken geputzt und in Scheiben geschnitten
- 2–3 Eier
- 4 cl Marsala
- Salz, Pfeffer aus der Mühle
- 5 EL Olivenöl
- 6 dünne Scheiben Speck
- ¼ l Weißwein
- 8–10 fest kochende Kartoffeln

Zubereitung

Den Backofen auf 180 °C vorheizen. Die Gans waschen und trocken tupfen. Beide Hackfleischsorten, Bratwurstbrät, Lebern, Brotwürfeln, Oliven und Pilze in einer großen Schüssel mischen. Dann die Eier darunter mengen. Marsala zugeben, salzen, pfeffern und alles nochmals gut mischen. Die Gans mit dieser Farce füllen und zunähen. Die Gans von außen mit Olivenöl einreiben, salzen und pfeffern und mit Küchengarn dressieren, also Keulen und Flügel zusammenbinden, damit sie beim Braten am Körper bleiben. Das restliche Öl in einen Schmortopf geben, den Boden mit den Speckscheiben auslegen und die Gans darauf setzen. Im Backofen etwa 2,5 Stunden braten, dabei immer wieder mit einer Gabel ins Fleisch stechen, damit das Fett austreten kann und die Gans mit diesem Bratenfond und etwas Weißwein begießen. Während die Gans brät, die Kartoffeln in Stücke schneiden und etwa 40 Minuten vor Ende der Garzeit in den Bräter geben und mitbraten. Vor dem Servieren das Küchengarn entfernen und die Gans zusammen mit den Kartoffeln auf einer großen vorgewärmten Platte anrichten. Den Bratenfond nochmals durchrühren und in einer Sauciere getrennt dazu servieren.

Oca ripiena ist heute noch in der ganzen Provinz Lucca das klassische Feiertagsgericht. Die Gans wird je nach Fantasie und Geldbeutel der Hausfrau gefüllt. Puccini liebte Gänsebraten in jeder Form – und erstickte beinahe daran. Allerdings an keiner lucchesischen Gans, sondern einer ingolstädtischen, was nicht die Schuld des Kochs war.
In der Garfagnana kommen statt der Kartoffeln fünfzehn Minuten vor Ende der Garzeit Polentastücke oder -scheiben in den Schmortopf.

Cibreo
Gemischte Hühnerinnereien

Zutaten

600 g gemischte Hühner-
   innereien
4 EL Butter
2 Zwiebeln, geschält und
   fein gehackt
3 Knoblauchzehen, geschält
   und zerrieben
Mehl zum Wenden
Salz, Pfeffer
75 ml trockener Weißwein
250 ml Geflügelbrühe,
   möglichst hausgemachte
2–3 Eigelbe
Saft von 1 unbehandelten Zitrone

Zubereitung

Die Innereien gründlich putzen, waschen und trocknen. Die Butter in einem Schmortopf heiß werden lassen, Zwiebeln und Knoblauch darin anbraten.

Die Innereien in Mehl wenden und in einen Topf geben. Rundum anbraten, dabei ständig wenden. Salzen, pfeffern und mit dem Weißwein ablöschen. Bei geringer Hitze etwa 35 Minuten gar schmoren und dabei immer wieder etwas Geflügelbrühe zugießen. Die Eigelbe und den Zitronensaft verquirlen, unter den *cibreo* rühren und das Ganze nochmals erhitzen, aber keinesfalls kochen.

Sofort servieren. Dazu passt toskanisches Landbrot.

Die Liebe zur Jagd

Von einem Trieb und vom Getriebensein

Der Angeklagte wirkt zerknirscht. Er ist in flagranti erwischt worden, das geladene Gewehr in der Hand. Dass sie ihn einsperren könnten, ist ihm klar. Der Verteidiger des Angeklagten weiß, dass er nur irgendein Argument liefern muss, wie windig es auch sein möge, um den Richter und seinen Klienten aus der misslichen Lage zu befreien. Frech erklärt er also, die Schuld des Angeklagten sei ja gar nicht bewiesen: Er sei ohne Corpus Delicti ertappt worden – er habe keinerlei erlegtes Wild mit sich herumgetragen.

Erleichtert verkündet der Richter den Freispruch. Die Farce endet mit einem Frühstück. Doch einige Freunde Puccinis finden diesen Auftritt keineswegs komisch, besonders seinem Verleger Giulio Ricordi ist es ein Rätsel: Wie kann ein Genie für ein frühmorgendliches Herumballern sein sorgsam gepflegtes Image aufs Spiel setzen?

Jagd ist für Puccini die Rückkehr zu den Ursprüngen. »Auf der Jagd zu sein, wo es wirklich was zu jagen gibt, und nach einem Erfolg! Das ist gerade der rechte Moment für ruhiges Blut! Ich will das in vollen Zügen genießen. Das ist etwas anderes, als Bankette, Empfänge und offizielle Besuche …«, schreibt er im Dezember 1899 an einen Freund. Was Ricordi nicht verstehen kann und Elvira nicht verstehen will: Er trainiert beim Jagen eine Fähigkeit, die er für seine Musik braucht – die Wachsamkeit. Auch das Angeln gibt ihm dafür Gelegenheit. Denn in beiden Fällen heißt es, geduldig zu warten, ruhig und schweigsam, aber dennoch aufmerksam zu sein. »Wenn Sie schlafen, schlafen alle ein«, hat Puccini einmal einen Dirigenten angefahren. »Die Musik darf niemals dahindösen.« Deshalb schätzte er Toscanini, der jeden Musiker in Hochspannung versetzte. Und deshalb liebte er es, sich selber aus dem Dösen herauszureißen und sich im ersten Tageslicht zu konzentrieren auf jedes Knistern im Röhricht, jede Bewegung der Wasseroberfläche, jedes Knacken im Unterholz.

Es ist noch finstere Nacht, als Kiesel ans Fenster klirren und ihn aus dem Tiefschlaf reißen. Puccini weiß, dass draußen Lappore wartet, die »weiße Wimper«. Offiziell heißt *Lappore* Giovanni Manfredi und ist ein braver Bauer, vor Tagesanbruch aber wird er zum Komplizen des Sor Giacomo. Wie in Trance zieht Puccini eine derbe

Vorherige Doppelseite: Requisiten der Jagdlust: Hölzerne Lockenten, wie sie auch Puccini auf der Jagd nach Wasser- und Sumpfvögeln am Massaciuccoli-See verwendete. Diese hier bewahrt das ›Ristorante Chalet del Lago‹ in Torre del Lago auf.

Jacke über das Trikotleibchen und dann noch eine Wollweste. Über die Trikotunterhosen, in denen er schläft, kommt eine grobe Leinenhose, über die gestrickten Socken kommen die hohen Stiefel. Zum Schluss bindet er sich ein Taschentuch um den Kopf, stülpt den Hut darüber und schleicht so leise wie möglich aus dem Haus. Elvira protestiert selbstverständlich dagegen. Wenn auch so erfolglos wie gegen andere Jagdabenteuer. So oft er nur konnte, warf sich Puccini jener Passion in die Arme, die seine einzige treue Leidenschaft neben der musikalischen bleiben sollte: der Jagd. Dass er sich mit der Ballerei bei Sonnenaufgang unbeliebt machte, war ihm gleichgültig: »Schon sind die ersten Schnepfen erschienen und die Jagdzüge auf die Wasserhühner werden zum Ärger der Nachbarschaft fortgesetzt«, vermeldete er fröhlich aus Torre seinem Freund und Librettisten Adami, genannt Adamino. Es erschien ihm natürlich, sogar zwingend, in jener Gegend zu jagen, bot sie sich dafür doch mehr an als jede bergige in den Apuanischen Alpen, wo aus dem Jagdvergnügen rasch ein anstrengender Sport werden konnte. Und: Dieses Jagdgebiet lag vor seiner Tür. Reich an landschaftlicher Vielfalt ist die Region rings um den Massaciuccoli-See wahrhaftig nicht, aber reich an Wildvögeln, vor allem Wasservögeln, die in dem dichten Röhricht am Südufer nisten. Schnepfen und Moorhennen, Wildenten und Krickenten, Rebhühner und Fasane.

Unter Beschuss: Wegen seiner Jagdleidenschaft wurde Puccini von Elvira scharf angegriffen – und sogar vor Gericht gestellt. Seine Sammlung von Jagdgewehren begeistert Gesinnungsgenossen trotzdem.

Immer schon haben diese Vögel in der armen Maremma den kulinarischen Schatz bedeutet, die illegale Fleischkammer derer, die sich keinen Rinderbraten leisten konnten. Doch finanzielle Gründe können es nicht sein, die Puccini auf die Pirsch treiben. Seine Jagdleidenschaft ist daher vielen Nicht-Italienern unerklärbar. Belesene Jäger, die vielleicht Ortega y Gassets kulturanthropologischen Essay über die Jagd kennen, wissen etwas zu deren Philosophie zu sagen. Über diese atavistische Verwobenheit des Menschen mit der Natur und dem Tod, die nicht grausam sei, sondern in uns angelegt. Die

Puccinis Jagdhaus
in Torre della Tagliata

Keiner im Publikum soll ihn sehen; er hat sich in einem dunklen Winkel auf der Bühne versteckt. Heimlich will er beobachten, wie es hier seinem jüngsten Kind ergeht, das bei der Uraufführung in Amerika zwar gefeiert worden war. Aber es ist fraglich, ob sich das Publikum hier in Rom ebenfalls einlässt auf eine Oper, die aus drei Einaktern besteht, die nichts miteinander zu tun haben. Es beginnt mit dem finsteren Stück »Der Mantel«, dann folgt die zu Tränen rührende »Schwester Angelika« und zum Schluss soll »Gianni Schicchi« die Wehmut in Gelächter auflösen.

Doch Puccini wird erkannt. Und prompt gerufen: Der Generaladjutant von Vittorio Emanuele III. zitiert ihn, da gelten keine Ausreden. Da steht er nun verlegen vor dem König und Königin Elena. »Stimmt es, Maestro«, will der König wissen, »dass Sie ein Schloss in der Maremma gekauft haben, in der Gegend von Ansedonia?« »Nein, Majestät, das ist nur eine Ruine, die Reste eines alten Zollturms am Fuß der Vorgebirge von Ansedonien, er heißt bei den Leuten Torre della Tagliata.« Der König ist geografisch nicht versiert. Wo das nun genau sei? Ob Puccini die Lage nicht besser beschreiben könne? Kann er. »Aber ja, Majestät, wer weiß, wie oft Sie den Turm schon gesehen haben, er steht dort über der Spalte der Königin …« Er merkt es erst, als es zu spät ist, was ihm da passiert ist. Ganz in der Nähe des Turms öffnet sich ein Grottengebiet, das aus anschaulichen Gründen »Spacco della regina« – Spalte der Königin – genannt wird.

Dass er den Torre della Tagliata sich als Fluchtburg am Meer, vor allem aber als Jagdresidenz zugelegt hat, verrät er nicht. 1919 hatte er den baufälligen Turm gekauft. Die Anreise war mühsam: Die letzte Bahnstation war Orbetello, südlich von Florenz, danach ging es über schlaglochreiche Straßen hinein in die Einsamkeit, ins so genannte »Land der Bären«. Aber er war ihm jede Mühe wert, jener Ort seiner Sehnsucht; ein wilder Platz für ungezähmte Gelüste, der den großen Vorteil besaß, dass Elvira ihn mied: zu unwirtlich, zu gefährlich. Freunden versuchte Puccini den Aufenthalt in dem Turm mit allen Mitteln schmackhaft zu machen, denn er jagte lieber in Gesellschaft als alleine. Sollte keiner denken, in dieser Jagdhütte gehe es spartanisch zu! »Sagen Sie Simoni, ich erwarte ihn in Torre della Tagliata«, trägt er 1919, also bereits 61jährig, seinem Textdichter Giuseppe Adami auf. »Kommen Sie alle beide, um die Reize von Altgriechenland zu genießen. Sie werden eine erstaunliche Gegend zu sehen bekommen. Sie finden hier alles, was Sie wünschen. Einen Bordeaux von 1904 und Weintrauben von Lecce. Auch brasilianischen Tabak und Abdullah-Zigaretten. Kähne, Motorboote, Motorräder, jegliches Fischgerät und sämtliche Fallen für die Jagd.«

Vorherige Seite:
Beruhigend gefährlich: Um Torre della Tagliata gab es zu Puccinis Zeiten Straßenräuber, denen die Armut jede Hemmung nahm, auch die, zu töten. Die Angst vor ihnen hielt Elvira ab, hier zu stören. In dieser Wildnis war er sicher, in Ruhe gelassen zu werden.

Oben:
Auf Schritt und Tritt: Puccini wähnte sich frei und ungebunden, wenn er in hohen Stiefeln zu Jagd ging oder zum Angeln. Bis seine eifersüchtige Frau anfing, ihn zu verfolgen.

meisten aber denken hierzulande heute darüber so wie Alexander von Humboldt: »Wo ein Jäger lebt, können zehn Hirten leben, hundert Ackerbauern und tausend Gärtner. Grausamkeit gegen Tiere kann weder bei wahrer Bildung noch bei wahrer Gelehrsamkeit bestehen. Sie ist eines der kennzeichnenden Laster eines niederen und unedlen Volkes.«

Nun hätte sich zwar Puccini selbst sicher nicht als gebildet oder gelehrt bezeichnet und die, die ihn kannten, erst recht nicht. Aber die Italiener als »unedles Volk« zu bezeichnen? Das will nicht recht einleuchten. Und ein niederer Charakter war Puccini mit Sicherheit nicht.

Zugegeben, Giacomos Jagdleidenschaft war schon in der Jugend geschürt worden, wie damals bei fast jedem italienischen Heranwachsenden, und in späteren Jahren hatte sie durchaus etwas mit Machismo zu tun: Wenn das Publikum zweifelte, lauthals protestierte oder ihn auspfiff und seine Selbstsicherheit zum Erliegen brachte, dann konnte er sich, die Flinte in der Hand, als Jäger beweisen. Dass er ein leidenschaftlicher Mensch war, der es genoss, in den Sog starker Gefühle zu geraten, verstärkte seinen Jagdtrieb noch. Und dass er dabei nicht reden musste, war ein weiterer Vorteil. »… er liebt es, in allen Sprachen zu schweigen«, hatte sein Freund Clausetti über den Gesellschaftsverächter Giacomo gelästert. Das eigentliche Motiv für Puccinis Jagdtrieb aber lag woanders und ist durchaus nachvollziehbar. Jagd war für ihn Synonym für Freiheit, Ungebundenheit und Vitalität.

Als »eine wilde Landschaft«, beschrieb er jene südliche Maremma um den Torre della Tagliata, »primitiv, weit abgelegen von aller Welt, in der sich der Geist wahrhaft ausruhen kann und der Körper neue Kräfte sammelt.«

Wie sehr das Jagen sich für Puccini mit dem Gefühl vitaler Energie verband, zeigt sich im Alter stärker als je zuvor. Spricht er davon, dann wie von einer Verjüngungskur, von einer Therapie gegen Depressionen und Aggressionen, gegen die Hoffungslosigkeit und die Mutlosigkeit. »Ich habe mich auf der Schnepfenjagd in diesen Räuberwäldern herrlich unterhalten«, freut er sich in jugendlichem Überschwang. Manchmal klingt es so, als habe er, der Katholik aus Lucca, den arabischen Spruch gekannt: »Die Zeit, die wir beim Jagen verbringen, zählt Allah nicht.«

Aus Brüssel, wo er bereits todkrank lag, schrieb er an Angiolino Magrini, seinen alten Jagdkumpan in Viareggio: »Heute morgen bin ich zum Essen aufgestanden und als ich über einen Markt ging, sah ich eine Anzahl Waldschnepfen. Wie schade! Nicht für mich! Auch wenn ich geheilt bin, kann ich nicht in die Maremma kommen wegen dieser verdammten Oper.«

Auf die Jagd zu gehen bedeutete für Puccini, sich als ein gesunder Mann zu fühlen, atavistisch, stark und unverletzbar. Als ein Mann, dem der Neid, die Missgunst und die Kritiker nichts anhaben konnten.

Beim Jagen versicherte er sich seiner Normalität und seiner Fähigkeit, sich zu wehren, wie wehrlos er auch immer war, dem Publikum, den Rezensenten oder Elvira gegenüber.

An dem, was die Gegner der Jagd als legalen Lustmord bezeichnen, fand er wenig Gefallen. Es ging ihm nicht ums Beutemachen, das bezeugen seine Jagdkumpane. Meistens, sagen sie, habe er bewusst danebengeschossen. Vielleicht wurde er von den Gesetzeshütern beim Wildern deshalb ohne Corpus Delicti aufgegriffen. Es ging Puccini vielmehr darum, sich noch enger als sonst mit dem Augenblick zu verbünden. Und in ihm zu leben.

Was Jagd für ihn bedeutete? Vielleicht nur schlicht die hohe Schule der Aufmerksamkeit. Dort übte er es, wachsam auf jedes noch so leise Geräusch zu achten, denn keines war bedeutungslos. Nur einer, der so genau lauschte auf das vermeintlich Nebensächliche, konnte ein Stück komponieren wie »Il Tabarro«, wo in die Musik die Geräusche des Ufers eingehen, der Klang der Schiffssirenen, der Glocken und der Hupen, die Kuckucksrufe und das Katzengeschrei. Denn der Jäger hört alles.

Folgende Doppelseite:
Keine Tafelfreuden: Puccini tischte seinem Freund, dem Marchese Mansi, nur Undank auf für dessen Liebenswürdigkeit, dem Komponisten die Villa Mansi als Feriendomizil zu leihen. Das Heimweh machte ihn grantig.

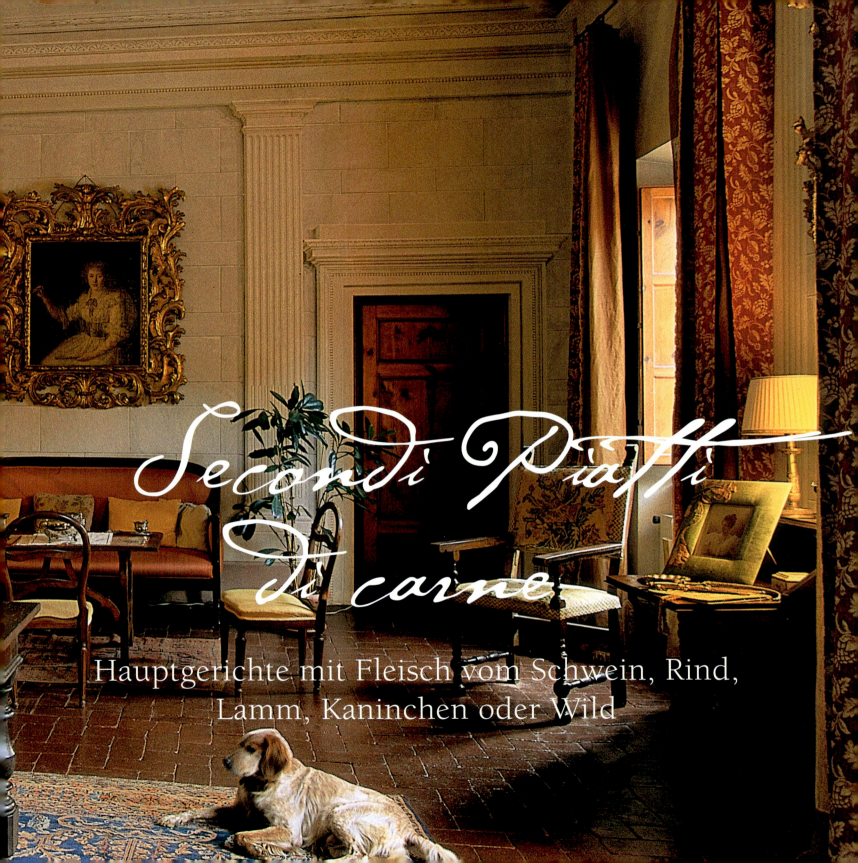

Secondi Piatti di carne

Hauptgerichte mit Fleisch vom Schwein, Rind, Lamm, Kaninchen oder Wild

Sella di Coniglio lardellato con radicchio

Kaninchen mit Radicchio

Zutaten

1 Kaninchen, küchenfertig und ohne Knochen
3 Scheiben Speck
2 Knoblauchzehen, fein gehackt
Blätter von 1 großen Bund Salbei, fein gehackt
Blätter von 1 Bund Rosmarin, fein gehackt
Olivenöl für die Form
1 Kopf Radicchio, fein geschnitten
6 EL Olivenöl extra vergine
3 EL Aceto balsamico
Salz, Pfeffer
Tomaten und Pinienkerne zum Garnieren

Zubereitung

Den Backofen auf 160 °C vorheizen.

Das Kaninchen ausbreiten und mit dem Speck, dem Knoblauch und den Kräutern bedecken. Das Fleisch zusammenrollen, in eine mit Öl ausgepinselte Form legen und im vorgeheizten Ofen etwa 30 Minuten braten, bis das Fleisch gar ist.

Das Kaninchen herausnehmen und in Scheiben tranchieren. Aus Olivenöl, Aceto balsamico, Salz und Pfeffer eine Vinaigrette rühren und mit dem Radicchio vermischen.

Die Kaninchenscheiben auf einer vorgewärmten Platte zusammen mit dem Radicchio anrichten. Nach Belieben mit Tomaten und Pinienkernen garnieren.

Coniglio alla cacciatora

Kaninchen auf Jägerart

Zutaten

1 küchenfertiges Kaninchen von etwa 1,5 kg
Für die Marinade:
1 Stange Staudensellerie
1 große Möhre
1 große Zwiebel
6 Petersilienstängel, zerpflückt
5 Basilikumblätter und je 5 Salbeiblätter und Lorbeerblätter
5 Wacholderbeeren
1 Rosmarinzweig, zerpflückt
2 Thymianzweige, grob zerpflückt
schwarze Pfefferkörner
1 Flasche trockener Chianti

125 g Butter
6–8 EL Olivenöl
200 g Speck, fein gewürfelt
3 Zwiebeln
2 Stangen Staudensellerie
4 Knoblauchzehen
200 g frische Pilze (z. B. Egerlinge)
Blätter von 3 Zweigen Rosmarin
abgerebelte Blättchen von 3–4 Zweigen Thymian
2 Tassen grüne Oliven
700 g Tomaten
Salz, Pfeffer aus der Mühle

Zubereitung

Das Kaninchen in Portionsstücke teilen, gründlich waschen und abtrocknen. Die für die Marinade vorbereiteten Kräuter und das Gemüse (grob gehackte Sellerie, Möhre und Zwiebel) abwechselnd mit den Hasenteilen in eine ausreichend große Schüssel geben und mit dem Rotwein übergießen. Gut abdecken und mindestens 24 Stunden in den Kühlschrank stellen. Ab und zu die Fleischteile wenden.

Die marinierten Kaninchenteile herausnehmen und abtrocknen. Die Marinade durch ein Sieb gießen und aufbewahren.

Butter und Öl in einem großen Schmortopf erhitzen und zuerst den Speck, dann die Kaninchenteile darin scharf anbraten. Zwiebeln, Sellerie, Knoblauch fein hacken, die geputzten Pilze je nach Größe grob zerkleinern, den fein gehackten Rosmarin, die Thymianblättchen und die Oliven zugeben und mitschmoren; bei Bedarf Olivenöl nachgießen. Die Tomaten kurz überbrühen, enthäuten, entkernen und schließlich in Würfel schneiden. Die Tomatenwürfel und etwas von der Rotweinmarinade zugeben und das Ganze – zugedeckt – bei geringer Hitze mindestens 2 Stunden schmoren. Immer wieder Wein angießen, damit ein sämiger Fond entsteht.

Die fertigen Kaninchenteile mit dem Gemüse auf einer vorgewärmten Platte anrichten und mit der Sauce beträufeln. Mit Polenta, Rosmarinkartoffeln oder toskanischem Weißbrot servieren.

Cinghiale in dolceforte
Wildschweinragout süßsauer

Zutaten

2 kg Wildschweinfleisch von der Schulter, ohne Knochen

Für die Marinade:
1 Flasche trockener Rotwein
1/8 l Rotweinessig
6–8 EL Olivenöl
2 Zwiebeln
4 Knoblauchzehen, geschält
Blätter von 1 Bund Petersilie
Blättchen von je 2–3 Zweigen Thymian und Rosmarin
4 Lorbeerblätter, 6 Gewürznelken
2–3 Zimtstangen
1 TL gemahlener Koriander
8–10 Wacholderbeeren
8–10 Pfefferkörner, Salz

6–7 EL Olivenöl
2 große Zwiebeln, 3 Möhren
2 Stangen Staudensellerie
1/4 l Weißwein
1/2 l Fleischbrühe
Salz, Pfeffer
75 g Sultaninen
75 g Blockschokolade
75 g Pinienkerne
3 EL Weißweinessig
2–3 TL Honig
etwas Anissamen

Zubereitung

Für die Marinade Wein, Essig und 1,5 Liter Wasser mischen. Das Öl in einer Pfanne erhitzen und die in Ringe geschnittenen Zwiebeln und die Knoblauchzehen darin anbraten. Die feingehackte Petersilie, Thymian und Rosmarin zugeben, schließlich alle anderen Gewürze. Sind die Zwiebeln golden, das Wein-Essig-Wasser zugießen, salzen, aufkochen und abkühlen lassen. Das Fleisch in die erkaltete Marinade legen und mindestens 2 Tage darin ziehen lassen.

Das Fleisch entnehmen und gut abtrocknen. In Würfel schneiden (nicht zu klein!). Das Olivenöl in einem großen Topf erhitzen, die fein gehackten Zwiebeln, Möhren und Sellerie zugeben und mitschmoren. Sind die Zwiebeln golden, das Fleisch zugeben und anbraten. Mit dem Weißwein ablöschen und das Ganze so lange schmoren, bis der Wein eingekocht ist. Mit Brühe angießen, salzen, pfeffern und alles bei geringer Hitze, zugedeckt, 1,5 Stunden schmoren. Immer wieder nachsehen, ob noch ausreichend Flüssigkeit vorhanden ist – bei Bedarf Brühe nachgießen.

Währenddessen die Sultaninen in warmem Wasser einweichen (etwa 1 Stunde) und die Bitterschokolade reiben. Ist das Wildschwein mürbe, aus dem Topf nehmen und zur Seite stellen. Die Sultaninen abgießen und mit den Pinienkernen, der Schokolade, dem Weinessig und dem Honig zu den eingekochten Gemüsen geben. Anissamen hinzufügen, nach Belieben mit Salz und Pfeffer abschmecken. Alles gut verrühren. Die Wildschweinwürfel zugeben, das Ganze gründlich vermischen und noch einige Minuten ziehen lassen.

Dazu passt Polenta.

Scottiglia alla Maremmana

Schmorfleisch nach Art der Maremma

Zutaten

3 EL Olivenöl
¼ Kaninchen, in Stücke zerteilt
200 g Schweinelende, in Würfel geschnitten
½ frisches Hähnchen, in Stücke zerteilt
1 große Zwiebel, geschält und klein gehackt
1 Selleriestange, abgezogen und gehackt
2 Möhren, geschabt oder geschält und gehackt
Blätter von 2 Zweigen Rosmarin, gehackt
1 Glas trockener Rotwein
250 g Tomaten, überbrüht, enthäutet und gewürfelt
Salz, Pfeffer aus der Mühle
4 Scheiben toskanisches Weißbrot
2 Knoblauchzehen, geschält

Zubereitung

Das Olivenöl in einem großen Schmortopf stark erhitzen, die Kaninchenteile darin etwa 10 Minuten scharf anbraten, den heraustretenden Saft in eine Schüssel abgießen und mit etwas Wasser vermischen. Schweinelendenstücke und Hähnchenteile zugeben und ebenfalls rundum anbraten. Zwiebeln, Sellerie, Möhren und Rosmarin hinzufügen und mitschmoren. Setzt das Fleisch an, sofort etwas von der Fleischsaftbrühe zugießen, aber immer nur so viel wie unbedingt nötig. Das Ganze etwa 15 Minuten auf diese Weise schmoren, dann den Wein und die restliche Brühe zugießen und einkochen lassen.
Die Tomaten zugeben. Salzen und pfeffern und das Ganze bei mittlerer Hitze – zugedeckt – 2 Stunden köcheln lassen. Bei Bedarf Wasser in kleinen Portionen zugeben.
Die Brotscheiben anrösten, von beiden Seiten mit den Knoblauchzehen einreiben, eine Scheibe in jeden Teller legen und das Ragout darauf anrichten.

Fegatelli di maiale
Schweineleber im Netz

Zutaten

500 g Schweinenetz, frisch oder aufgetaut
750 g Leber von einem Jungschwein
Olivenöl
½ TL gemahlener Peperoncino
Fenchelsamen (nach Belieben)
getrocknete und zerriebene Lorbeerblätter (nach Belieben)
ein paar zerdrückte Wacholderbeeren (nach Belieben)

Zubereitung

Das Schweinenetz etwa 10 Minuten in lauwarmem Wasser einweichen und dann zum Trocknen auf einem frischen Küchentuch ausbreiten.

Die Leber in 1 bis 2 cm dicke Scheiben schneiden, mit den Gewürzen bestreuen und diese 1 Stunde einziehen lassen. Das Netz in Rechtecke schneiden, je eine Leberscheibe darin einwickeln und mit einem Zahnstocher zustecken (ursprünglich nahm man dafür einen dünnen trockenen Zweig des Lorbeers her). Diese Päckchen im heißen Olivenöl auf kleinem Feuer ringsum goldbraun anbraten und zugedeckt 15 Minuten warm stellen. Die Leberstücke sollen innen noch zartrosa sein.

Dazu passen Polenta und sautierte Rüben.

Für dieses Rezept braucht man Schweinenetz. Es besteht aus einem netzartigen Fettgewebe. Wird es um die Leberstücke gewickelt, verhindert es, dass die Innereien austrocknen. Es löst sich beim Garen langsam auf. Man kann es beim Metzger bestellen.

Buglione d'agnello
Fleischtopf vom Lamm

Zutaten

Lammfleisch von der Schulter,
  in großen Würfeln
Olivenöl
Knoblauchzehen, geschält
  und zerrieben
Rosmarinblättchen
trockener Rotwein
Tomaten, überbrüht, enthäutet
  und gewürfelt
ein paar wenige Peperoncini
  zum Würzen
stark eingekochte Bouillon oder
  in Wasser aufgelöste Brühwürfel

Zubereitung

Das Lammfleisch im Olivenöl scharf anbraten; tritt Flüssigkeit aus, gießt man sie ab. Sind die Fleischwürfel von allen Seiten schön braun, Knoblauch, Rosmarin und Wein zugeben. Das Ganze köcheln lassen, bis die Flüssigkeit eingekocht ist.
Tomaten, Peperoncini und Brühe zufügen und alles so lange garen, bis das Fleisch mürbe ist (etwa 45 Minuten, Garzeit abhängig von der Fleischmenge).

Bei diesem Rezept kann man auf Mengenangaben verzichten, denn jeder Koch und jede Köchin in der Maremma bereitet es nach eigenem Gutdünken zu.

Roastbeef alla Lucchesia

Roastbeef auf Luccheser Art

Zutaten

1 kg gut gelagertes Roastbeef
⅛ l Olivenöl extra vergine
3 Knoblauchzehen, geschält und mit Salz fein zerrieben
Blätter von 1 Zweig Rosmarin, fein zerhackt
Blätter von 1 Zweig Salbei, fein zerhackt
Pfeffer aus der Mühle

Zubereitung

Den Backofen 15 Minuten auf 280 °C vorheizen.

Das Roastbeef in einem Bräter etwa 15 Minuten im vorgeheizten Ofen garen. Den Backofen abstellen und das Roastbeef weitere 15 Minuten darin ruhen lassen.

Inzwischen Öl, Knoblauch, Rosmarin und Salbei im Mörser zu einer Creme verarbeiten und nach Belieben mit Pfeffer würzen. Das Roastbeef rundum mit der Creme bestreichen. Den Bräter mit Alufolie verschließen und das Fleisch 6 bis 8 Stunden ziehen lassen.

Zum Servieren das Fleisch in feine Scheiben schneiden und Weißbrot dazu reichen.

Aus Liebe zum Einfachen

Vom Geheimnis der Genussfähigkeit

Das toskanische Provinzpublikum fühlt sich geschmeichelt. Der Star ist persönlich anwesend. Puccini besucht die Premiere einer seiner Opern, ohne dass irgendein prominenter Dirigent am Pult stünde oder ein berühmter Sänger aufträte. An den Komponisten heranzukommen ist aber kaum möglich. Er scheint ein wichtiges Fachgespräch mit einem Bekannten zu führen. Angestrengt redet er auf ihn ein. Da darf keiner stören. Später wollen ein paar neugierige Verehrer doch wissen, worum es in der Diskussion gegangen ist. Puccini offenbart das Geheimnis: Es war um Miesmuscheln mit einer Sauce aus Tomaten und Olivenöl gegangen, das Rezept einer seiner Lieblingsspeisen, und das musste ganz genau weitergegeben werden.

Denn gerade das Einfache fordert Genauigkeit. Nirgendwo wusste man das besser als in der Maremma. Die Aromen, die aus den Töpfen der mittellosen Schichten stiegen, betören heute die Nasen der Feinschmecker. Wie im Landesinneren der Toskana waren auch hier Hülsenfrüchte wie Bohnen und Kichererbsen die weiche Basis. Doch nicht die Pasta, sondern das Brot, getrocknet oder gerieben, in hauchfeine Scheiben geschnitten oder geröstet, eingeweicht oder mitgekocht, wurde durch Kräuter, Geduld und Kennerschaft zu einer Köstlichkeit.

Billig war die *Ricotta*, ein durch Wiederaufkochen entstandener Frischkäse, meistens aus Schafsmilch bereitet wie auch der *Pecorino*, der seine Herkunft von der *peca*, dem Schaf, nicht verleugnet. Bis heute gilt der *Pecorino* aus der Maremma, speziell der von Sorano, als einer der besten in ganz Italien. Und auch die Ziegen liefern mit ihrer Milch die Grundlage für delikate Käsesorten wie für den *Capalbio*. Fischgerichte, heute die kostspielige Wollust der italophilen Gourmets, waren Armeleutekost, auch noch zu Puccinis Zeiten. Gerade der Süßwasserfisch aus den Seen ist typisch für die maremmanische Küche. Und die Arten, auf die er zubereitet wurde, waren einzigartig.

Auf dem Esstisch von Elvira, Giacomo, Fosca und Tonio standen tagtäglich solche traditionsreichen, aber preiswerten Gerichte. Nicht aus Koketterie mit dem Rustikalen, sondern aus schierer Notwendigkeit, denn mit dem großen Erfolg war noch lange nicht das große Geld für Puccini gekommen. Nach Verzicht schmeckte diese Kost für ihn

Vorherige Doppelseite: Geschändete Unschuld: Jene Unberührtheit, die Puccini für den Massaciuccoli-See begeistert hatte, wurde vom Fortschrittswahn zerstört. Eine Autobahnbrücke entstellt den Blick aufs gegenüberliegende Ufer. Doch das magische Licht in der Morgen- wie der Abenddämmerung lässt manche Hässlichkeit übersehen.

Puccinis Brot

Das Brot, das Puccini liebte, ist das, was gerade die deutschen Touristen verschmähen, jenes salzlose toskanische Brot.

Die Krume ist mürbe und porös, die Kruste oft fleckig, weißlich bemehlt und haselnussbraun. Angeblich wurde es salzlos, weil die Pisaner, in deren Hafen das einstmals teure Gut landete, mit den Florentinern in Streit gerieten und jene, bekannt für ihren Stolz, keine Lust hatten, sich durch immer höhere Zölle terrorisieren zu lassen. Es fragt sich natürlich, warum dann die Bäcker der ganzen Toskana aufs Salzen verzichteten.

Noch zu Puccinis Lebzeiten war das Brot Hauptnahrungsmittel der meisten Menschen in der Maremma. Bis zu einem Kilo am Tag verzehrten sie. »Schmeckt nach nichts«, sagen die deutschen Brotfetischisten. »Schmeckt nach dem, was darauf und dazu kommt«, sagen die toskanischen Kenner der *crostini* und der *ribollita*, der *fettunta*, der *acquacotta* und der *panzanella*, einem in heißen Sommern besonders köstlichen Salat aus alten Brotscheiben mit Tomaten, Zwiebeln und Gurken, angemacht mit Essig und Öl.

Wer die Qualität von Olivenöl schmecken will und vor dem puren Schluck der professionellen Tester zurückschreckt, kann nichts Besseres tun, als dieses neutrale Brot einzutauchen. Auf diesem Brot schmeckt die Hühnerleber nach nichts als Hühnerleber und die abgehangene Salami nach nichts als nach Salami.

Puccinis Fische

Nicht nur Jäger, auch Angler war Puccini; deswegen hielt sich der Geschwindigkeitsfanatiker neben Motorbooten auch Ruderboote. Und von den Beutezügen zu Wasser brachte er mehr mit als von denen zu Lande. Seine Köchin stammte aus der Gegend, kannte also sicher die alten einheimischen Rezepte.

Anguilla sfumata ist ein Aal, der gewaschen, mit Asche eingerieben und auf einen Spieß gesteckt wird und dann gebraten über dem offenen Feuer, in dem Rosmarin und Thymian oder andere wild wachsende Kräuter für delikate Aromen sorgen. *Scaveccio* heißt ein Aalgericht, bei dem die angebratenen Aalstücke in Essig, Weißwein, Knoblauch und Rosmarin mariniert werden – die köstliche Antwort der Maremma auf den deutschen Brathering. *Cée* ist ein Gericht, bei dem der frische Aal nur mit Salbei und Butter gebraten wird. Doch auch jene Delikatessen aus dem Meer, deren gekonnte Zubereitung heute den Restaurants dort Ehrungen und Geld einbringen, waren damals Billigkost: der *cacciucco*, der aus so vielen Sorten Meeresgetier zubereitet werden sollte wie das Wort C führt; aber auch der *caldaro*, eine Fischsuppe der südlichen Maremma mit Tintenfisch, Krake, Napfschnecken, Drachenkopf, Aal und weiteren Fischen, die heute in Feinschmeckerlokalen der Region kultiviert und teuer bezahlt wird – zum Nachkochen fernab des Mittelmeers und ergiebiger Seen kaum zu empfehlen.

jedoch bestimmt nicht. Mit der Genauigkeit eines Schulmeisters schreibt er, mittlerweile zu Wohlstand gekommen, aus seiner Villa in Torre del Lago, an den Verleger: »Lieber Herr Giulio, die Bohnen sind etwas ganz Besonderes und müssen folgendermaßen zubereitet werden: Man stellt sie in kaltem Wasser aufs Feuer – Wasser in richtiger Menge, nicht zu viel, nicht zu wenig –, sie sollen dann bei mittlerem Feuer zwei Stunden sieden, und wenn sie gar sind, dürfen nicht mehr als drei oder vier Löffel Brühe übrig bleiben. – Also aufpassen bei der Wassermenge, notabene: Wenn man sie aufs Feuer stellt, muss man vier oder fünf Salbeiblätter dran tun, zwei oder drei ganze Knoblauchknollen sowie Salz und Pfeffer, und wenn sie (die Bohnen) halb gekocht sind, muss man noch etwas Öl dazugeben und mitkochen lassen.« Mit seiner Passion für Bohnen erweist sich der Komponist als ein kochechter Toskaner.

Billig und beliebt: Fagioli – Bohnenkerne – sind in Puccinis Heimat bis heute ein Grundnahrungsmittel, das wenig kostet. Doch richtig zubereitet sind Fagioli ein unbezahlbarer Genuss.

Dass der größte toskanische Tonkünstler den größten toskanischen Küchengenuss so sehr liebte, ist in den Augen und Mägen der Einheimischen selbstverständlich. Und der *civaiolo*, ein Geschäft, das nichts als Hülsenfrüchte und Getreide verkauft, gilt hier so viel wie ein Delikatessenladen in Mailand. Schließlich muss sein Angebot ebenso differenziert sein, denn jede Hausfrau weiß, welche Bohnen sie für welches Gericht auszuwählen hat.

Zu Puccinis Zeit gab es dieselbe Vielfalt noch ganz selbstverständlich, die heute von hartnäckig traditionsbewussten Toskanern wie von feinsinnigen Gourmets sorgsam vor dem Untergang bewahrt wird.

Da gibt es die gesprenkelten *Borlotti*, die dicken weißen *Spagnuoli*, die zartgelben *Zolfini*, die dunkelroten *Fagioli di Lucca*, die wegen ihrer Zartheit beliebten länglichen elfenbeinfarbenen *Cannellini*, die aromatischen kleinen weißen *Fagioli di Sorana*, die größeren *Piatelli* und ihre kleineren Geschwister, die *Piatellini* oder die nach der toskanischen Heimat benannten *Toscanelli*.

Kochkunst ist keine Frage des Geldes, sondern der Kunst, die in diesem Fall von Kennen kommt. Zur Kennerschaft gehört es, mit großer Leidenschaft die zentralen Fragen zu diskutieren: Welche Sorte zum Perlhuhn und welche zum Wildschwein passt, welche zum Hasen und welche zur Pasta, welche am besten für den *gran farro* geeignet sind und welche für die *fagioli all'uccelletto*.

Mit der deutschen Redensart, es werde überall nur mit Wasser gekocht, verriete hier ein Koch seine blanke Ahnungslosigkeit, denn auf das Wasser, das Kochwasser, kommt es an. Deswegen bieten Bäckereien und Lebensmittelgeschäfte in der Toskana auch die bereits eingeweichten Bohnen immer mit Kochwasser an. Ob es sich dabei um Quellwasser handelt (elitäre antike Version), um Mineralwasser (teuere moderne Version), um Wasser aus dem Wasserhahn (pragmatisch-riskante Version wegen des Chlorgeschmacks) oder um Regenwasser (nostalgisch-schwachsinnige Version), verrät der Verkäufer leider meistens nicht. Doch die Verkostung plaudert es aus.

Die Speisekammer der Lucchesia: Bei ›Prospero‹, einem alten Gemischtwarenladen im Herzen Luccas, gibt es alles, was diese reiche Region bietet; in Säcken werden auch die hierzulande oft vergessenen Getreidesorten angeboten.

Nur die Kichererbsen können es noch mit den Bohnen aufnehmen, die alle anderen teuren Gemüse verlachen, die sich um die Gunst der Toskaner bemühen. Kichererbsen wie Bohnen werden in der toskanischen Küche gerne mit Pasta kombiniert oder auch mit Brot.

Ein Landsmann und Zeitgenosse Puccinis namens Agnetti veröffentlichte in liebenswertem missionarischem Drang 1919 im Zürcher Verlag Orell und Füssli ein deutschsprachiges Kochbuch mit dem Titel »*Nicht nur Maccaroni. Italienische Nationalspeisen*«. Neben manchen, für unseren Tierschützergeschmack befremdlichen Rezepten wie *pettirossi colle visciole* (Rotkehlchen mit Weichselkirschen) oder *tartarughe coi piselli all'uso di Maremma* (Schildkröten mit Erbsen auf Maremmaner Art) findet sich ein Plädoyer für die hohe Kunst der Bohnenküche. Der vergriffene, leider nie mehr aufgelegte Text verdient es, im Interesse des Bohnenliebhabers Puccini, zitiert zu werden; es geht natürlich um *fagioli* (Agnetti schreibt sie noch *fagiuoli*), nicht um *fagiolini*, als grüne Bohnen. »Bohnen isst man in allen Ländern der Erde, doch gewiss sind sie nirgends so zart, so saftig und gut, nirgends weiß man sie so meisterhaft zuzubereiten und zu würzen wie im Toskanischen (…).« Und er zitiert als Beweis für die toskanische Passion einen Vers, den dort damals jedes Kind kannte: »Fiorentin mangia fagiuoli, lecca piatti e tovaglioli.« – Wenn der Florentiner Bohnen isst, dann schleckt er noch die Teller und Servietten ab. Und Agnetti feiert die toskanischen Hausfrauen als »wahre Meisterinnen in der Kunst, dieses Gemüse herzustellen«, weil sie ohne Rücksicht auf toskanische Sommerhitze und Krampfadern »einen ganzen Nachmittag zu dieser zarten und wichtigen Handlung verwenden, denn wenn die Bohnen einmal aufs Feuer gesetzt sind, darf man sie nicht mehr sich selbst überlassen, sondern muss sie beständig unter Aufsicht behalten«.

Agnettis Anweisungen hören sich so streng an wie die von Puccini. »Besorge Dir das nötige Quantum weißer Bohnen und setze sie in kaltem Wasser aufs Feuer. Sobald das Wasser zu sprudeln beginnt, lässt Du das Feuer wieder klein werden, denn das Wichtigste bei der Sache ist, dass die Bohnen nur sehr, sehr langsam und allmählich gar kochen dürfen, was nur bei ganz schwach siedendem Wasser möglich ist. Diese Kochprozedur hat nicht weniger als fünf Stunden zu dauern, und immer wieder müssen die Bohnen, sobald sie trocken zu werden drohen, mit neuem, stets kochendem Wasser übergossen werden. Wenn Du sie endlich vom Feuer abziehst, würzest Du sie mit Salz und allerfeinstem Öl aus Lucca und gibst einige Tropfen Saft einer Gartenzitrone darauf.« Puccini war also auf der Höhe des Feingeschmacks, wenn er sich für seine Bohnen von der Mutter auch Luccheser Olivenöl wünschte.

Die einfache Küche braucht Ausdauer, Tricks jedoch braucht sie keine. Im Gegenteil: Kenner wie Agnetti oder auch Puccini empörte nichts mehr, als wenn behauptet wurde, ein geheim gehaltener Kniff sei verantwortlich für ein verführerisch schmeckendes, aber einfaches Gericht. Agnetti entlarvte deswegen gnadenlos die Legende von den in einer Korbflasche gekochten Bohnen – angeblich das Geheimrezept des damaligen Flo-

Gegenüber:
Elegant im Angesicht des Endes: Bereits von der Krankheit und von Todesahnung gezeichnet, ließ sich der Kettenraucher Puccini, ein Jahr bevor er in Brüssel seinem Kehlkopfleiden erlag, im Mailänder Studio Badodi noch einmal porträtieren – mit der unvermeidlichen Zigarette in der Hand.

Folgende Doppelseite:
Beflügelt von einem Genie: Auf diesem Instrument im Salon der Villa Orlando am Massaciuccoli-See spielte Salvatore Orlando; ihn hatten Puccinis Besuche hier, im Hause seiner Eltern, angeregt, Komponist zu werden. »Er wusste«, berichtet Salvatore, »von meiner Musikleidenschaft und empfand deshalb Zuneigung für mich.«

rentiner Starkochs Francesco Paoli in Florenz, berühmt für seine Bohnengerichte: Nur um seine sensationelle Bohnenqualität zu erklären, sei das Gerücht geboren worden, er bereite die Bohnen derart sonderbar zu.

Aufmerksamkeit und Beharrlichkeit sind die Tugenden jedes Bohnenkochs, jeder Bohnenköchin in der Toskana: Sie zeichnen auch den Toskaner Puccini aus, der niemals aufgab, wenn eine seiner Opern im ersten Anlauf durchfiel. Einfach zu sein ist schwer, denn das Einfache stellt hohe Anforderungen: Es verlangt nicht nur Ausdauer, sondern Liebe zum Grundstoff, der nicht sorgsam genug ausgewählt werden kann. Puccini, der erfahrene Bohnenkoch, übte an den Töpfen, was er beim Komponieren brauchte. »Die Inspiration liegt notwendigerweise im Einfachen«, sagte er. Was er liebte, war die einfache Küche des Volks. Und dieses Volk wollte er mit seinen Werken erreichen.

»Musik für uns, für das Volk, für die Welt« war sein Bekenntnis.

»Oper für alle« heißt heute der Slogan des Bayerischen Staatstheaters. Er könnte von Puccini sein.

Und wenn alle, alle Vermögens- und Bildungsklassen, alle Nationen und Generationen, seine Opern genießen, hätte er dagegen bestimmt nichts einzuwenden. »Wie Verdi«, schrieb Howard Taubman über Puccini, »war er in seinen Wurzeln Italiener, dies hinderte ihn jedoch nicht daran, eine Musik zu schreiben, die universal ist.«

Er hätte auch sagen können: eine Musik, die jeder verstehen kann, weil sich der Komponist nicht über die Menschen stellt, sondern neben sie. Brüderlich, wie sein Biograph Richard Specht erkannte. Der Mann Puccini war wie seine Musik: nie erhaben, sondern immer menschlich, nicht überirdisch, sondern irdisch wie die Genüsse, die er liebte. Doch sein Genie lag darin, im Genuss mehr zu erleben als Befriedigung, zu spüren, dass die Versenkung in den kleinen Augenblick uns etwas Großes bescheren kann – ein Verschmelzungserlebnis mit der Welt. Also etwas, was so göttlich ist wie die Eingebung.

Wer mit Puccini genießen will, sollte deswegen zu einem bereit sein: zur völligen Hingabe. Und dazu will dieses Buch verleiten.

Semifreddo di marroni
Kastanien-Halbgefrorenes

Zutaten

600 g geschälte Kastanien
250 g Zucker
20 g Puderzucker
100 ml süße Sahne
1 EL Rum
4 Eiweiß
dickflüssige Schokoladensauce aus Kuvertüre, Vanille und Sahne
Puderzucker zum Bestreuen

Zubereitung

Die Kastanien in Wasser weich kochen und abgießen. Beide Zuckersorten zugeben und alles pürieren.

Die Sahne sehr steif schlagen und den Rum untermischen. Das Eiweiß zu steifem Schnee schlagen, unter $2/3$ des Kastanienpürees heben und vier Bällchen daraus formen. Aus dem restlichen Kastanienpüree Flöckchen formen und über die Bällchen streuen. Das Ganze im Gefriergerät 2 bis 3 Stunden fest werden lassen.

Die Schokoladensauce in vier Teller geben, die Kastanienbällchen darauf setzen und mit Puderzucker bestreut servieren

Semifreddo di arancio
Halbgefrorenes von Orangen

Zutaten

3 große Eier
100 g Zucker
75 g kandierte Orangenschalen, fein gehackt
4–5 EL Orangenlikör
$1/8$ l süße Sahne

Zubereitung

Die Eier trennen und die Dotter mit dem Zucker so lange rühren, bis eine hellgelbe schaumige Masse entsteht. Die kandierten Orangenschalen und den Orangenlikör zugeben und unterrühren. Zuerst die Sahne steif schlagen und vorsichtig unterheben, danach das ebenfalls steif geschlagene Eiweiß. Die Masse vorsichtig in Portionsförmchen geben und ins Tiefkühlfach stellen, bis sie fest, aber nicht hart ist.

Antico dolce lucchese

Traditionelles Dessert aus Lucca

Zutaten

- 125 g Zucker
- 500 g frische Erdbeeren, gezupft und püriert
- 1 EL frisch gepresster Zitronensaft
- 100 ml Erdbeerlikör
- 300 g Pan di Spagna (ersatzweise: Sandkuchen)
- 6 EL trockener Marsala
- 150 g Schlagsahne

Zubereitung

Für die Erdbeersauce den Zucker mit 100 Milliliter Wasser in einem Topf erhitzen, bis er karamellisiert, dabei ständig rühren. Die pürierten Erdbeeren, den Zitronensaft und den Erdbeerlikör unterrühren.

Den Kuchen in dünne Scheiben schneiden und mit Marsala tränken. Die Sahne steif schlagen. Die Kuchenscheiben auf vier Dessertteller verteilen, mit Schlagsahnehäubchen verzieren und mit der Erdbeersauce übergießen.

Semifreddo di nocciole

Halbgefrorenes mit Haselnüssen

Zutaten

- 3 große Eier
- 110 g Zucker
- 1 Prise gemahlener Zimt
- 1 EL Nusslikör
- 1/8 l süße Sahne
- 2 Meringuen-Schalen, zerbröselt
- 150 g geriebene Haselnüsse

Zubereitung

Die Eier trennen und die Eigelbe mit dem Zucker verrühren. Den Zimt und Likör zugeben. Die Sahne und die Eiweiße steif geschlagen. Zuerst die Sahne, dann den Eischnee unter die Ei-Zucker-Masse heben. Die Meringuen und die Haselnüsse vorsichtig mit der Masse vermischen. Auf Portionsförmchen verteilen und tiefkühlen, bis das Dessert fest, aber nicht hart ist.

Crostata di ricotta
Mürbteigkuchen mit Ricotta

Zutaten

Für den Teig:
300 g Mehl
150 g Zucker
ausgekratztes Mark von
 1 Vanilleschote
1 Prise Salz
abgeriebene Schale von
 1 unbehandelten Orange
150 g kalte Butter
2 Eier
Für den Belag:
3–4 Eier
300 g frische Ricotta
4 EL Zucker
3 EL bittersüßer Kräuterlikör
Butter und Mehl für die Form
2 EL gehackte Walnusskerne
2 EL geschälte gehackte
 Mandeln
1 EL Zucker

Zubereitung

Mehl, Zucker, Vanille, Salz und Orangenschale mischen. Die kalte Butter in Flocken darauf setzen und zusammen mit den Eiern rasch unterarbeiten, bis ein glatter Teig entstanden ist. Den Teig zu einer Kugel formen und 1 Stunde im Kühlschrank ruhen lassen. Den Backofen auf 200 °C vorheizen.

Für den Belag die Eier trennen, die Eigelbe mit Ricotta, Zucker und Marsala verrühren. Die Eiweiße steif schlagen und darunter heben.

Eine Springform von 26 cm Durchmesser mit Butter ausstreichen und mit Mehl ausstäuben. Den Teig aus dem Kühlschrank nehmen, 5 bis 6 mm dick ausrollen, auf den Boden der Kuchenform betten und am Rand etwa 3 cm hochziehen.

Die Ricottamasse auf den Teigboden streichen und mit den gehackten Mandeln und Walnüssen bestreuen. Das Ganze leicht zuckern.

Den Kuchen auf der untersten Schiene im vorgeheizten Ofen 30 bis 35 Minuten backen.

Torta di San Marcello

St.-Marcello-Kuchen

Zutaten

1 TL Butter
80 g Walnusskerne, gehackt
80 g Pinienkerne, gehackt
Für den Teig:
250 g Butter
5 Eier
350 g Zucker
abgeriebene Schale von
　1 unbehandelten Zitrone
600 g Mehl
1 Päckchen Backpulver
1 TL Anissamen
2 cl Rum
Butter und Mehl für die Form

Zubereitung

Den Backofen auf 180 °C vorheizen.

Die Butter in einer Pfanne zerlassen und die Walnusskerne und Pinienkerne darin anrösten. Abkühlen lassen.

Für den Teig Butter, Eier und Zucker hellgelb schaumig rühren. Die Zitronenschale darunter mischen. Das Mehl mit dem Backpulver gut vermischen und nach und nach unter die Eierschaummasse geben. Zum Schluss Anissamen und Rum unterrühren.

Eine runde Kuchenform ausbuttern und mit Mehl ausstreuen. Den Teig einfüllen, die Oberfläche glatt streichen und mit den gerösteten Walnuss- und Pinienkernen bestreuen. Den Kuchen auf der mittleren Schiene im vorgeheizten Ofen etwa 1 Stunde backen.

In der Garfagnana und auch in der Region um Celle Puccini ist dieser Kuchen ein traditionelles Dessert. Die vielen Walnussbäume in der Gegend verraten, warum.

Castagnaccio

Kastanienkuchen

Zutaten

400 g süßes Kastanienmehl
3 EL Zucker
abgeriebene Schale von 1 Orange
4 EL Olivenöl
1 Prise Salz
250 g Ricotta
1 Eigelb
lauwarmes Wasser nach Bedarf
125 g Rosinen, eingeweicht
   in Rum
100 Haselnüsse, gemahlen
100 g Pinienkerne
Blätter von 1 Zweig Rosmarin,
   fein gehackt

Zubereitung

Den Backofen auf 180 °C vorheizen.

Kastanienmehl, Zucker, Orangenschale, 3 Esslöffel Olivenöl und Salz mischen. Ricotta und Eigelb unterrühren. Bei Bedarf noch so viel lauwarmes Wasser zugeben, dass ein dicker glatter Teig entsteht. Rosinen, Haselnüsse, Pinienkerne und Rosmarin darunter rühren. Das Backblech mit dem restlichen Olivenöl bestreichen und den Teig gleichmäßig etwa 1 cm hoch darauf verteilen. Im vorgeheizten Backofen 20 bis 30 Minuten goldbraun backen.

Pane di Natale

Weihnachtsbrot

Zutaten

1/8 l Milch
50 g frische Backhefe
1 kg Mehl
200 g flüssiger Honig
2 EL Zucker
1/2 TL gemahlener Zimt
1 Prise gemahlene Gewürznelken
1 Prise Salz
2–3 Eier
75 g Walnusskerne, gehackt
100 g kandierter Kürbis, gehackt
120 g Rosinen, in Rum eingeweicht
abgeriebene Schale 1/2 unbehandelten Orange
abgeriebene Schale 1/2 unbehandelten Zitrone
Butter und Mehl für das Backblech
gemahlener Zimt zum Bestäuben

Zubereitung

Die Milch leicht anwärmen und die Hefe hineinbröckeln. Das Mehl auf eine Arbeitsfläche sieben, eine Mulde hineindrücken, die Milch mit der Hefe, Honig, Zucker, Zimt, Gewürznelken und Salz zugeben und alles gut vermischen.

Den Teig gut durchkneten, in eine Schüssel legen und mit einem sauberen Küchentuch bedeckt an einem warmen Ort 1 Stunde gehen lassen. Dann den Teig nochmals durchkneten. Eier, Walnüsse, Kürbis, Rosinen sowie die abgeriebene Orangen- und Zitronenschale hinzufügen und nochmals alles gut verkneten, bis der Teig glatt und elastisch ist. Wieder in die Schüssel geben und nochmals 1 Stunde mit dem Tuch zugedeckt an einem warmen Ort gehen lassen.

Den Backofen auf 200 °C vorheizen.

Das Backblech mit Butter ausstreichen und mit Mehl bestäuben. Den gegangenen Teig zu knapp tennisballgroßen Broten formen, aufs Blech setzen, nochmals 30 Minuten gehen lassen.

Die Brote mit Zimt bestäuben und etwa 20 bis 25 Minuten im Backofen golden backen. Vor dem Servieren abkühlen lassen.

Puccini kam kurz vor Weihnachten zu Welt, sein Geburtstagskuchen war also immer dieses Weihnachtsbrot.

Torta di riso
Reiskuchen

Zutaten

200 g Rundkornreis
1 l frische Vollmilch
320 g Zucker
ausgeschabtes Mark von
 1 Schote Vanille
8 große Eier, verquirlt
abgeriebene Schale von
 1 unbehandelten Orange
abgeriebene Schale von
 1 unbehandelten Zitrone
1 kleines Glas italienischer Weinbrand, Rum oder Kirschgeist
Butterschmalz
Mehl

Zubereitung

Den Reis mit einer Prise Salz in der Milch etwa 30 Minuten garen, bis er weich ist. Mit dem Zucker und der Vanille vermischen und über Nacht ziehen lassen.

Den Backofen auf 180 °C vorheizen.

Den Reis mit den Eiern mischen, die Orangen- und Zitronenschale und den Schnaps zugeben.

Ein Backblech gut mit Butterschmalz einfetten und mit wenig Mehl ausstäuben (überschüssiges Mehl abschütteln). Die Reismasse 2 bis 3 cm hoch auf dem Blech verteilen und 30 Minuten im vorgeheizten Ofen goldbraun backen.

Timballo di fragole ducale

Herzoglicher Erdbeer-Timbal

Zutaten

400 g Erdbeeren, geputzt, gewaschen und halbiert
Saft von 1 großen Orange
3 EL Weinbrand
4 EL Zucker
2 Eigelb
4 Gläschen Süßwein (Vin Santo)
16 Löffelbiskuits
250 g süße Sahne
1 TL Zucker

Zubereitung

Erdbeeren in eine große Schüssel geben. In einer kleinen Schüssel Orangensaft, Weinbrand und Zucker mischen, über die Erdbeeren gießen und zum Marinieren etwa 6 Stunden in den Kühlschrank stellen.

Eigelbe und Süßwein miteinander verquirlen, die Löffelbiskuits darin eintauchen und eine große Schüssel damit auslegen. Die Sahne mit dem 1 Teelöffel Zucker steif schlagen und auf die Löffelbiskuits streichen. Die Erdbeeren darüber geben. 30 Minuten in den Kühlschrank stellen und kalt servieren.

Mit der Herzogin ist Maria Luigia von Parma gemeint, die nach dem Wiener Kongress, als das Herzogtum Lucca gebildet worden war, hier regierte. Dieses Dessert war angeblich ihre Lieblingsspeise. Wer ihre Kleider im Museum Glaukolombardo in Parma besichtigt, muss diese Nachspeise für ein Diätgericht halten oder Maria Luigia für eine Märtyrerin des Korsetts: Die Taille war mit zwei Händen zu umspannen.

Zuccotto
»Kleiner Kürbis« (Biskuit-Halbgefrorenes)

Zutaten

150 g Zucker
abgeriebene Schale von
    1 unbehandelten Zitrone
2 runde Biskuitböden
1 cl oder etwas mehr Kirschlikör
¼ l süße Sahne
200 g Puderzucker
350 g Ricotta
80 g Zitronat und Orangeat
30 g Kakaopulver
100 g Zartbitterschokolade
Maraschino-Kirschen
    zum Garnieren

Zubereitung

Den Zucker und die Zitronenschale in 300 Milliliter Wasser geben und zu einem Sirup verkochen.

Eine Schüssel mit gewölbtem Boden mit dem einen Biskuitboden auslegen, die Hälfte des Zitronensirups und etwas Kirschlikör darauf träufeln.

Die Sahne mit dem Puderzucker sehr steif schlagen. Ricotta glatt rühren und mit der Sahne vorsichtig zu einer schaumigen Masse vermengen. Die Hälfte davon abnehmen und Zitronat und Orangeat darunter heben. In die andere Hälfte der Creme kommen Kakao und Schokolade.

Die beiden Cremes nun abwechselnd auf den Biskuitboden in der Schüssel schichten. Den zweiten Boden obenauf legen (bei Bedarf etwas zurechtschneiden) und mit dem restlichen Zitronensirup und dem restlichen Kirschlikör tränken.

24 Stunden sehr kalt stellen (aber nicht tiefgefrieren).

Den *zuccotto* vorsichtig stürzen, mit ein paar Schlagsahnetupfern und Maraschino-Kirschen verzieren und sofort servieren.

Falsche Versprechungen, aber ein viel versprechendes Dessert: Kürbis ist in diesem traditionellen toskanischen *semifreddo* keiner drin. Nur die Form, in der die Süßspeise zubereitet wird und die in der Toskana überall zu kaufen ist, erinnert an einen kleinen Kürbis. Sie können aber auch einfach eine tiefe Schüssel mit gewölbtem Boden verwenden.

Das Leben von Giacomo Puccini in Daten

1858   Giacomo Puccini wird am 22. Dezember als ältester Sohn der Albina Puccini, geborene Magi, und des Komponisten, Organisten und städtischen Musikdirektors Michele Puccini in Lucca geboren.

1860   Elvira Bonturi, Puccinis spätere Frau, kommt in Monza zur Welt.

1863   Giacomo erhält ersten Orgelunterricht bei seinem Vater.

1864   Michele Puccini stirbt am 18. Februar.

1865   Giacomo beginnt bei seinem Onkel Fortunato Magi und dem Konservatoriumslehrer Carlo Angeloni mit musikalischen Studien.

1868   Giacomo wird Chorknabe in San Michele und San Martino in Lucca.

1872   Er fängt damit an, sich Geld als Organist zu verdienen.

1874   Puccini wird am »Istituto musicale Pacini« aufgenommen; erste eigene Kompositionsversuche für die Orgel.

1876   Fußwanderung nach Pisa, um dort Verdis »Aida« zu hören (32 km); in diesem Jahr schreibt er seine ersten beiden größeren Orchesterwerke, das »Preludio sinfonico in A-Dur« und das »Preludio sinfonico in e-moll«.

1877   Puccini beteiligt sich mit der patriotischen Kantate »I figli d'Italia bella« (»Die Söhne des schönen Italien«) am Kompositionswettbewerb der Stadt Lucca. Der Beitrag wird wegen mangelnder Kompositionstechnik und katastrophaler Notenschrift zurückgewiesen.

1878   Es werden Puccinis »Vexilla regis prodeunt« für Männerchor und Orgel und seine Messe für vier Stimmen und Orchester in seiner Heimatstadt erstmals gespielt.

1880   Puccini besteht bravourös die Aufnahmeprüfung am Mailänder Konservatorium; seine Lehrer werden Amilcare Ponchielli, der heute den meisten nur noch durch seine »La Gioconda« bekannt ist, und Antonio Bazzini, Violinvirtuose und Komponist, dessen Oper »Turanda« kein Erfolg beschieden war. Puccini beginnt, für Streichquartett zu komponieren; noch im selben Jahr wird seine Motette mit Credo zu Ehren in der Lucchester Kirche San Paolino aufgeführt.

1882   Er vertont fünf Gedichte von Antonio Ghislazoni für Gesang und Klavier, darunter die »Storiella d'amore« (»Kleine Geschichte von der Liebe«) und eines mit dem Titel »Melanconia«.

1883   Puccini nimmt mit seiner Oper »Le Villi« (»Die Willis«) erfolglos am Sonzogno-Wettbewerb für Opern-Einakter teil. Mit dem »Capriccio sinfonico« besteht er glanzvoll die Abschlussprüfung des Mailänder Konservatoriums, das dort am 14. Juli aufgeführt wird.

1884   Uraufführung von »Le Villi« in Mailand. Er muss sich Geld leihen, um der Mutter zu telegrafieren: »Durchschlagender Erfolg. Achtzehn Hervorrufe. Erstes Finale dreimal wiederholt. Bin glücklich!« Am 17. Juli stirbt Puccinis Mutter Albina. Puccini beginnt seine Lebensgemeinschaft mit Elvira Gemignani und entdeckt Torre del Lago; das Paar lebt meist aus finanziellen Gründen getrennt, sie bei Mutter und Schwester in Florenz, er in Mailand, was der Leidenschaft keinen Abbruch tut.

1886   Puccini arbeitet in Lucca an seiner neuen Oper, muss die Stadt dann aber wegen Elviras unübersehbarer Schwangerschaft verlassen. Am 23. Dezember kommt das einzige gemeinsame Kind von Elvira und Giacomo, ihr Sohn Antonio (Tonio), zur Welt.

1889   Uraufführung von »Edgar« in Mailand. Das Stück wird ohne Protest, aber auch ohne jede Begeisterung aufgenommen. Nach zwei weiteren Aufführungen verschwindet es aus dem Programm. Erstmals reist Puccini nach Deutschland und hört Wagners »Meistersinger« in Bayreuth.

1890   Puccini schreibt das Streichquartett »Crisantemi« (»Chrysantemen«) zum Tod des Amadeo von Savoyen; finanzielle Katastrophe in

Puccinis Familie: Ein Schwager ist jung gestorben, seine Witwe besitzt nichts. Puccini erwägt, wie sein Bruder nach Südamerika auszuwandern, zumal dort Elviras Vater lebt und andere Toskaner, die vor der verheerenden Arbeitslosigkeit in Italien fliehen.

1892 Puccinis jüngerer Bruder Michele stirbt in Rio de Janeiro. Giacomo zieht nach Torre del Lago, zuerst zur Miete in ein Haus, das Venanzio Barsuglia bewohnt, Aufseher auf dem Podere, dem reichen Gut des Marchese Carlo Ginori-Lisci. Im Frühling reist er nach Madrid, wo »Edgar« aufgeführt wird. Im Herbst reist er zum zweiten Mal nach Deutschland, wo im Hamburger Stadttheater »Le Villi« auf die Bühne kommt.

1893 Die Uraufführung von »Manon Lescaut« in Turin wird zu einem Triumph für Puccini und bedeutet den Wendepunkt in seinem Leben. Allein in diesem Jahr wird die »Manon« aufgeführt in Trient, Udine, Brescia, Lucca, Bologna, Rom, Ascoli Piceno, Messina, Novara, Ferrara, Genua und Verona, in Hamburg, Madrid, Buenos Aires, Rio de Janeiro und St. Petersburg. Puccini macht zum ersten Mal Geld; er kauft sein Elternhaus in Lucca zurück. Einziehen will er dennoch nicht, denn er verzeiht den Lucchesern nicht, wie sie ihn und Elvira geächtet haben; im Sommer mietet er eine größere, anspruchsvolle Villa in Torre del Lago, die dem Grafen Grottanelli gehört.

1894 Puccini reist im April nach Wien – für ihn die einzige erträgliche Großstadt außerhalb Italiens. Im Juni reist er nach Sizilien.

1896 Uraufführung von »La Bohème« in Turin.

1897 Im Sommer bezieht er die abgeschiedene Villa Mansi in Monsagrati, die seinem Freund, dem Marchese Raffaello Mansi, gehört, wo der erste Akt der »Tosca« entsteht. Im Oktober reist Puccini ein zweites Mal nach Wien; dort wird im Theater an der Wien »La Bohème« gegeben.

1898 Zum ersten Mal hält sich Puccini in Paris auf und lernt Victorien Sardou kennen. Im Juni bringt dort die Opéra Comique »La Bohème« heraus.

1899 Zweite Parisreise Puccinis.

1900 Uraufführung der »Tosca« in Rom; im Sommer begibt sich Puccini nach London, wo seine »Tosca« im Covent Garden aufgeführt wird. Er besucht das Schauspiel »Madame Butterfly« von David Belasco und ist begeistert. Er kauft die Villa in Torre del Lago, in der er früher zwei Zimmer bei Venanzio Barsuglia in Untermiete bewohnt hatte, lässt Teile davon abreißen, baut den Rest um und lässt einen ausgedehnten Park anlegen mit eigenem Seezugang. Das Unternehmen finanziert er vor allem durch die stattlichen Gewinne von »La Bohème«, die zwar bei der Uraufführung durchgefallen und verrissen worden war, danach aber ohne Unterbrechung triumphierte.

1901 bezieht er die eigene Villa mit Elvira, Fosca und Tonio. Dreißig Jahre lang soll sie der Mittelpunkt seines Lebens sein.

1903 Am 25. Februar verunglückt Puccinis Wagen, vom Chauffeur gesteuert, als er, Elvira und Tonio noch bei eisglatter Straße nachts von einem Abendessen beim Freund Caselli in Lucca heim nach Torre del Lago fahren. Frau und Sohn werden aus dem Auto geschleudert und bleiben fast unverletzt, der Chauffeur hat leichte Verletzungen, Puccini schwere. Sein rechtes Schienbein ist gebrochen, es braucht Monate, bis er wieder gehen kann.

1904 Am 4. Januar heiratet er Elvira Gemignani; er ist 46, sie ist 44; sie haben bald zwanzig Jahre in wilder Ehe gelebt. Die Uraufführung der »Madame Butterfly« im Februar in Mailand wird zum Skandal, Puccini zieht das Werk zurück. Im Mai bringt er in Brescia eine Neufassung heraus, die begeistert aufgenommen wird.

1905 Am 27. Januar wird das Requiem zum Gedenken Verdis aufgeführt. Puccini reist mit Elvira nach Südamerika; im Téatro Colón in Buenos Aires werden fünf Puccini-Opern aufgeführt. Der Briefwechsel mit der Londoner Sängerin Sybil Seligman beginnt.

1906 Giacomo Giacosa, Puccinis liebster Librettist, stirbt. Mitte Oktober reist Puccini ein drittes Mal nach Paris.

1907	Puccini hält sich im Januar und Februar in New York auf, im Juni besucht er Sybil Seligman in London.
1908	Puccini bricht mit Elvira im Februar zu einer Ägyptenreise auf.
1909	Am 28. Februar begeht die junge Haushälterin der Puccinis, Doria Manfredi, Selbstmord; Puccini trennt sich vorübergehend von Elvira.
1910	Uraufführung von »La Fanciulla del West« in New York; Puccini und sein Sohn Tonio sind zugegen.
1911	Europäische Erstaufführung von »La Fanciulla del West« im Covent Garden Theatre in London und italienische Erstaufführung dieser Oper im Teatro Costanzi in Rom.
1912	Im August absolviert Puccini eine Kur in Karlsbad.
1913	Im Oktober reist Puccini nach Wien, weil dort »La Fanciulla del West« auf die Bühne kommt.
1914	Puccini besucht Berlin und reist nochmals nach Wien, wo die »Tosca« aufgeführt wird; er beginnt mit der Arbeit an »La Rondine« (»Die Schwalbe«).
1916	Er vollendet zuerst »La Rondine« und dann »Il Tabarro« (»Der Mantel«), das erste der drei Stücke für »Il Trittico« (»Das Triptychon«).
1917	Uraufführung von »La Rondine« in Monte Carlo. Puccini schreibt ein Lied nach einem Text von Antonio Ghislazoni mit dem Titel »Morire?« (»Sterben?«) und vollendet »Suor Angelica« (»Schwester Angelika«), das zweite Stück für »Il Trittico«.
1918	Puccini vollendet den »Gianni Schicchi«, Teil drei von »Il Trittico«, und reist zur Uraufführung der dreiteiligen Oper nach New York.
1919	»Il Trittico« wird in Rom zum ersten Mal auf italienischem Boden aufgeführt; Puccini fährt zur Kur ins nahe Bagni di Lucca.
1920	Der Maestro wird wieder in Wien umjubelt, wo die sonst nicht erfolgreiche Oper »La Rondine« aufgeführt wird.
1921	Puccini beginnt mit der Arbeit an »Turandot«; wegen hässlicher Industriebauten und des Gestanks der Torfproduktion flieht Puccini aus Torre del Lago und zieht nach Viareggio.
1922	Er unternimmt eine ausgedehnte Reise durch die Schweiz über Deutschland – wo er Nürnberg, Ingolstadt, Köln und Fulda besucht – nach Holland.
1923	Toscanini dirigiert auf Puccinis Wunsch eine Galaaufführung der »Manon Lescaut« in Mailand an der Scala; danach reist Puccini mit Tonio nach Wien, weil auch dort eine Festaufführung dieser Oper stattfindet. Im Mai hört er sich in Florenz »Pierrot lunaire« von Schönberg an.
1924	Im Februar wird deutlich, dass Puccini schwer krank ist, aber erst am 4. November reist er nach Brüssel, wo er in die Spezialklinik von Dr. Ledoux aufgenommen wird. Dort stirbt er am 29. November. Er hinterlässt die unvollendete »Turandot«. Am 3. Dezember wird bei der Ankunft seiner überführten Leiche in Mailand eine große Trauerfeier zu seinen Ehren abgehalten.
1925	Die »Turandot« wird im April an der Mailänder Scala uraufgeführt.

Puccinis Opern

Werktitel	Librettist	Uraufführung
»Le Villi« (einaktig)	Ferdinando Fontana	Mailand, Teatro Dal Verme, 31. Mai 1884
Neufassung in zwei Akten		Turin, Teatro Regio, 26. Dezember 1884
»Edgar« (vieraktig)	Ferdinando Fontana nach *La Coupe et les Lèvres* von Musset	Mailand, Teatro alla Scala, 21. April 1889
Neufassung in drei Akten		Ferrara, Teatro Comunale, 28. Januar 1892
»Manon Lescaut«	Ruggero Leoncavallo, Marco Praga, Domenico Oliva, Luigi Illica und Giacosa nach dem Roman von Prévost	Turin, Teatro Regio, 1. Februar 1893
»La Bohème«	Giuseppe Giacosa u. Luigi Illica nach dem Roman von Murger	Turin, Teatro Regio, 1. Februar 1896
»Tosca«	Giuseppe Giacosa u. Luigi Illica nach dem Schauspiel von Sardou	Rom, Teatro Costanzi, 14. Januar 1900
»Madame Butterfly«	Giuseppe Giacosa u. Luigi Illica nach Belascos Bühnenfassung einer Erzählung von J. L. Long	Mailand, Teatro alla Scala, 17. Februar 1904
Neufassung		Brescia, Teatro Grande, 28. Mai 1904
»La Fanciulla del West« (»Das Mädchen aus dem Goldenen Westen«)	Guelfo Civinini und Carlo Zangarini nach dem Schauspiel von Belasco	New York, Metropolitan Theatre, 10. Dezember 1910
»La Rondine« (»Die Schwalbe«)	Giuseppe Adami nach einem deutschen Libretto von Willner und Reichert	Monte Carlo, Théâtre du Casino, 27. März 1917
»Il Trittico« (»Das Triptychon«)		New York, Metropolitan Theatre, 14. Dezember 1918
1. »Il Tabarro« (»Der Mantel«)	Giuseppe Adami nach *La Houppelande* von Didier Gold	
2. »Suor Angelica« (»Schwester Angelika«)	Giovacchino Forzano	
3. »Gianni Schicchi«	Giovacchino Forzano nach einer Szene aus Dantes *Inferno*	
»Turandot«	Giuseppe Adami und Renato Simoni nach dem Schauspiel von Gozzi	Mailand, Teatro alla Scala, 25. April 1926

Register der Rezepte

Vorspeisen und Salate

Crostini mit Kräutern	38
Crostini mit Wacholder	39
Grüne Crostini mit Ei	39
Crostini mit Kohl	40
Weiße Crostini mit Steinpilzen	42
Auberginenröllchen	44
Sonnengetrocknete Zucchini mit Minze und Knoblauch	45
Brotsalat (auch *pan molle* genannt)	47
Bohnensalat	48
Gesalzener Dinkelkuchen mit Zucchini	50
Scampi auf Püree von weißen Bohnen	51
Gesalzener Dinkelkuchen	53
Salat aus weißen Bohnen und Thunfisch	54
Miesmuscheln mit Tomatensauce	55
Eier mit frischen Tomaten	56

Suppen, Gemüsegerichte und Beilagen

Suppe von Kichererbsen und Maroni	80
Bohnensuppe mit Reis	81
Fastensuppe »Wiederaufgekochte«	82
»Gekochtes Wasser« der Maremma	83
Dinkelsuppe aus der Garfagnana	84
Minestrone Mailänder Art	86
Suppe aus Hülsenfrüchten	87
Passierte Suppe aus gelben Peperoni	88
Frühlingsgemüsesuppe	89
Dinkelsuppe	90
Kartoffelsuppe	91
Kichererbsensuppe mit Nudeln	93
Suppe mit Sardellen	94
Ginstersuppe	95
Paprikaschoten mit Steinpilzen	96
Weiße Bohnen in Öl	97
Maisbrei	98
Polenta nach Art der Maremma	100
Kichererbsen auf Pisaner Art	101
Weiße Bohnen auf Vögelchen-Art	102
Kartoffeln mit Rosmarin	103
Spinatauflauf	104

Pasta und Reisgerichte

Tacconi nach Art von Lucca	128
Kurze Tagliatelle nach Jägerart	129
Tagliatelle mit Steinpilzen	130
Spaghetti mit Aal	132
Gelbe Tagliatelle	133
Pappardelle mit Hasenragout	135

Hauptgerichte mit Fisch und Meeresfrüchten

Aal aus dem Serchio in Zimino	152
Cacciucco nach Art von Viareggio	153
Makrelen mit Tomaten	154
Frittierte Sardinen in Sauce	155

Hauptgerichte mit Geflügel

Geschmorte Bekassinen (Schnepfen)	192
Rebhuhn mit Steinpilzen	193
Perlhuhn mit Nüssen	194
Gefüllte Gans	196
Gemischte Hühnerinnereien	197

Hauptgerichte mit Fleisch vom Schwein, Rind, Lamm, Kaninchen oder Wild

Kaninchen mit Radicchio	208
Kaninchen auf Jägerart	211
Wildschweinragout süßsauer	212
Schmorfleisch nach Art der Maremma	213
Schweineleber im Netz	214
Fleischtopf vom Lamm	216
Roastbeef auf Luccheser Art	217

Süßspeisen

Kastanien-Halbgefrorenes	230
Halbgefrorenes von Orangen	230
Traditionelles Dessert aus Lucca	231
Halbgefrorenes mit Haselnüssen	231
Mürbteigkuchen mit Ricotta	232
St.-Marcello-Kuchen	233
Kastanienkuchen	234
Weihnachtsbrot	236
Reiskuchen	237
Herzoglicher Erdbeer-Timbal »Kleiner Kürbis« (Biskuit-Halbgefrorenes)	238 / 239

Puccini-Gedenkstätten

Lucca
Museo Casa Natale Giacomo Puccini
Corte San Lorenzo, 9
Telefon 0583/584028
Öffnungszeiten: Das Museum ist täglich außer montags geöffnet. Von März bis Juni und von September bis 15. November von 10 bis 13 und von 15 bis 18 Uhr, im Juli und August von 10 bis 13 und von 15 bis 19 Uhr, vom 16. November und bis zum 16. Dezember von 10 bis 13 Uhr.
1973 wurde in Puccinis Geburtshaus an der Via di Poggio (Eingang Corte San Lorenzo) von der Fondazione Puccini ein Museum eingerichtet.

Pescaglia/Celle dei Puccini
Museo dei Puccini
Via Meletori, 27
Telefon 0583/359154
Öffnungszeiten: Das Haus befindet sich in Privatbesitz und ist deshalb nur am Samstag und Sonntag von 15 bis 19 Uhr geöffnet. Auf telefonische Voranmeldung hin zeigt Giocondo Frediano die Räume aber auch außerhalb dieser Zeiten.
Die Puccini-Gedenkstätte in diesem niedrigen Gebäude aus dem 16. Jahrhundert wurde 1976 eröffnet. Von hier stammt die Familie der Puccini, die über Generationen hinweg tüchtige bis ausgezeichnete Musiker und Musikerinnen hervorgebracht hat. Im Gegensatz zur Musiker-Dynastie der Familie Bach war bei den Puccinis die weibliche Seite immer sehr stark vertreten. Puccinis Schwester Ramelde und deren Kinder spendeten Einrichtungsgegenstände wie das Bett aus dem Luccheser Elternhaus, in dem Albina Giacomo entbunden hat. Außer dem Klavier, an dem Puccini »Madame Butterfly« komponierte, kann auch das Grammophon bestaunt werden, das Thomas Edison Puccini bei dessen Aufenthalt in den USA verehrte.

Torre del Lago Puccini
Museo Villa Puccini
Viale Puccini, 266
Telefon 0584/341445
Email case.puccini@tin.it
Webseite www.giacomopuccini.it
Öffnungszeiten: Das Museum ist täglich außer Montag geöffnet. Von Oktober bis März von 15 bis 17 Uhr, im April und Mai von 15.30 bis 18.30 Uhr von Juni bis September von 10 bis 12 und von 16 bis 19 Uhr.
Hier lebte Puccini mit Elvira Gemignani, die er erst 1904 heiraten konnte, seiner Stieftochter Fosca und Sohn Tonio von 1891 bis 1921, dessen Tochter Simonetta das Erbe ihres Großvaters umsichtig verwaltet. Puccinis Musikzimmer und auch fast alle anderen Räume sind im Originalzustand belassen oder wieder hergestellt worden. Das schlichte Mausoleum, das Tonio zwischen der Kammer mit Jagdutensilien und dem Musikzimmer einbauen ließ, hat symbolischen Wert: Es liegt zwischen Puccinis beiden großen Passionen.

Die Opernfestspiele von Torre del Lago
1930 begann die Tradition der Puccini-Festspiele unter freiem Himmel. 1966 wurde das Theater dann verlagert auf ein Stück neu gewonnenes Land im Norden des Hafens von Torre. Seither gelingt es den künstlerischen Leitern trotz der inneritalienischen Festivalkonkurrenz, Weltstars nach Torre zu locken: Es sangen dort Giuseppe di Stefano, Franco Corelli, Magda Olivero, Antonietta Stella, Renata Scotto, Katia Ricciarelli, Fiorenza Cassotto, Eva Marton, Ghena Dimitrova, Placido Domingo, José Carreras, Luciano Pavarotti, Ingvar Wixell. Tito Gobbi debütierte hier als Regisseur mit einer Neuinszenierung der »Tosca«, und Mario del Monaco verabschiedete sich hier von der Bühne mit einer anrührenden Interpretation im »Tabarro«. Eigentlich aber ist der Fortbestand jener Festspiele weniger dem internationalen Ruhm und Publikum als lokalen und regionalen Puccini-Verehrern zu verdanken. Das Festival findet jedes Jahr ab ungefähr Mitte Juli bis ungefähr Mitte August statt. Anders als z.B. in Verona sind sämtliche Plätze, nicht nur die teuren, durchnummeriert.

Festival Puccini – Ufficio Biglietteria
Viale Puccini, 257/a
Telefon 0584/359322
Fax 0584/350277
Email ticketoffice@puccinifestival.it
Webseite www.puccinifestival.it

Empfohlene Restaurants & Gaststätten

Lucca:

Antico Caffè Di Simo
Via Fellungo, 48
Telefon und Fax 0583/496234

Ristorante Buca di S. Antonio
Via della Cervia, 1/3
Telefon 0583/55881
Webseite
www.lunet.it/aziende/bucadisantantonio

Ristorante Puccini
Corte San Lorenzo, 1/3
Telefon und Fax 0583/3161116

Pescaglia/Celle dei Puccini:

Ristorante Puccini
Via Meletori, 29 (neben dem Puccini-Haus)
Telefon 0583/359184

Torre del Lago:

Chalet del Lago
Belvedere Puccini
Telefon 0584/359830
Fax 0584/352574

Garfagnana:

Osteria Il Vecchio Mulino
Via Vittorio Emanuele, 12
Castelnuovo di Garfagnana
Telefon 0583/62192
Webseite www.ilvecchiomulino.com

Osteria al Ritrovo del Platano
Via Provinciale, 9
Gallicano/Ponte di Campia
Telefon 0583/766142
Fax 0583/766432

Ristorante Il Pozzo
Via Europa, 2/A
Pieve Fosciana
Telefon 0583/666380
Fax 0583/666670

Viareggio:

Gran Caffè Ristorante Margherita
Viale Margherita, 30
Telefon 0584/962553
Webseite
www.ristorantemargherita.it

Al Porto
Via Coppino, 118
Telefon 0584/383878
Webseite www.alporto.it

Literatur – eine Auswahl

Adami, Giuseppe (Hrsg.): *Giacomo Puccini. Briefe des Meisters*, Lindau/Bodensee 1948

Ders.: *Puccini*, Mailand 1935

Ders.: *Il romanzo della vita di Giacomo Puccini*, Mailand 1944

Bokey, János von: *Maestro Puccini. Ein Leben in Melodien*, Stuttgart 1924

Budden, Julian (Hrsg.): *Vissi d'arte, vissi d'amore. Puccini. Vita, immagini, ritratti*, Parma 2003

Carner, Moscvo: *Puccini*, London 1974

Casini, Claudio: *Giacomo Puccini*, Turin 1978

Ceresa, Angelo und Marchesi, Gustavo: *Puccini. Schauplätze seines Lebens*, Wien und München 1982

Fraccaroli, Arnaldo: *Giacomo Puccini. Sein Leben und sein Werk. Die erste Biographie des jüngst verstorbenen Meisters*, Leipzig, Wien, New York 1926

Gatti, Carlo: *Puccini, In un gruppo di lettere inedite a un amico*, Mailand 1944

Greenfeld, Howard: *Puccini. Sein Leben und seine Welt*, Königsstein/Ts 1982

Höslinger, Clemens: *Giacomo Puccini, mit Selbstzeugnissen und Bilddokumenten dargestellt*, 1999

Krause, Ernst: *Puccini. Beschreibung eines Welterfolgs*, Leipzig 1985

Marggraf, Wolfgang: *Giacomo Puccini*, Leipzig 1977

Marotti, Guido: *Giacomo Puccini intimo*, Florenz 1942

Monaldi, Gino: *Giacomo Puccini e la sua opera*, Rom 1924

Neißer, Arthur: *Giacomo Puccini. Sein Leben und sein Werk*, Leipzig 1928

Paladini, Carlo: *Giacomo Puccini, a cura di Marzia Paladini*, Florenz 1961

Salerno, F.: *Le donne pucciniane*, Palermo 1928

Sartori, Claudio: *Puccini*, Mailand 1958

Seligman, Vincent: *Puccini among his friends*, London 1958

Specht, Richard: *Giacomo Puccini. Das Leben. Der Mensch. Das Werk*, Berlin-Schöneberg 1931

Weissmann, Adolf: *Giacomo Puccini*, München 1922

Genießen mit Puccini – Aria d'amore: die CD

1. *Donna non vidi mai* aus: »Manon Lescaut« (1. Akt), José Carreras, Orchestra del Teatro Comunale di Bologna/Riccardo Chailly (1988)
2. *Che gelida manina* aus: »La Bohème« (1. Akt), Carlo Bergonzi, Orchestra dell'Accademia Nazionale di Santa Cecilia, Rom/Tullio Serafin (1959)
3. *Sì. Mi chiamano Mimì* aus: »La Bohème« (1. Akt), Renata Tebaldi, Orchestra dell'Accademia Nazionale di Santa Cecilia, Rom/Tullio Serafin (1959)
4. *Quando m'en vo'* aus: »La Bohème« (2. Akt), Gianna D'Angelo, Ettore Bastianini, Fernando Corena, Renata Tebaldi, Carlo Bergonzi, Renato Cesari, Cesare Siepi, Orchestra dell'Accademia Nazionale di Santa Cecilia, Rom/Tullio Serafin (1959)
5. *Recondita armonia* aus: »Tosca« (1. Akt), Franco Corelli, Orchestra dell'Accademia Nazionale di Santa Cecilia, Rom/Lorin Maazel (1967)
6. *E lucevan le stelle* aus: »Tosca« (2. Akt), Franco Corelli, Orchestra dell'Accademia Nazionale di Santa Cecilia, Rom/Lorin Maazel (1967)
7. *Un bel dì vedremo* aus: »Madama Butterfly« (2. Akt), Renata Tebaldi, Orchestra dell'Accademia Nazionale di Santa Cecilia, Rom/Tullio Serafin (1958)
8. *Addio, fiorito asil* aus: »Madama Butterfly« (2. Akt), Carlo Bergonzi, Enzo Sordello, Lidia Nerozzi, Fiorenza Cossotto, Orchestra dell'Accademia Nazionale di Santa Cecilia, Rom/Tullio Serafin (1958)
9. *Ch'ella mi creda libero e lontano* aus: »La Fanciulla del West« (3. Akt), Mario del Monaco, Cornell MacNeil, Orchestra dell'Accademia Nazionale di Santa Cecilia, Rom/Franco Capuana (1958)
10. *Senza mamma, o bimbo* aus: »Suor Angelica«, Maria Chiara, Wiener Volksopernorchester/Nello Santi (1972)
11. *Oh! Mio babbino caro* aus: »Gianni Schicchi«, Renata Tebaldi, Orchestra del Maggio Musicale Fiorentino/Lamberto Gardelli (1962)
12. *Nessun dorma!* aus: »Turandot« (3. Akt), Mariano Caruso, Mario del Monaco, Fernando Corena, Mario Carlin, Renato Ercolani, Orchestra dell'Accademia Nazionale di Santa Cecilia, Rom/Alberto Erede (1955)

Bildnachweis Zoltan Nagy, außer: S. 2, 13, 72, 109, 178, 182, 201, 204: Angelo Ceresa; S. 28: Austrian Archives/Corbis; S. 7, 145: Corbis; Umschlagrückseite, S. 16, 65, 71, 75, 146, 227: Proprietà Archivio Ricordi; S. 61 Private Sammlung (Foto aus dem Buch: »Vissi d'arte, vissi d'amore. Puccini, vita, immagini, ritratti« Grafiche Stet, Parma 2003)

Danksagung Eva Gesine Baur möchte Frau Simonetta Puccini einen besonderen Dank aussprechen. Zoltan Nagy bedankt sich bei Alessandra Frascaroli und Herrn Olinto Punti Lenzi vom Agriturismo Pra di Rento in Gragnanella-Castelnuovo Garfagnana und bei Herrn Andrea Bertucci von der Osteria Il Vecchio Mulino in Castelnuovo Garfagnana für die liebenswürdige Mithilfe. Der Verlag dankt Herrn Orazio von Grafiche Stet in Parma für die freundliche und rasche Unterstützung.

www.collection-rolf-heyne.de

Copyright © 2004 der deutschen Ausgabe by Collection Rolf Heyne GmbH & Co. KG, München
Alle Rechte, insbesondere das Recht der Vervielfältigung und Verbreitung, vorbehalten. Kein Teil des Werkes darf in irgendeiner Form (durch Fotokopie, Mikrofilm oder ein anderes Verfahren) ohne schriftliche Genehmigung reproduziert oder unter Verwendung elektronischer Systeme vervielfältigt oder verbreitet werden.

Umschlag- und Buchgestaltung: Hauptmann und Kampa Werbeagentur, München – Zürich
Layout und Satz: Elisabeth Petersen, München; Redaktion: Andreas Trojan
Litho: Reproline Genceller, München; Herstellung: Verlagsservice Rau, München
Druck und Bindung: Appl, Wemding

Printed in Germany

ISBN 3-89910-215-0